だいわ文庫

ココ・シャネルの言葉

山口路子

大和書房

COCO
CHANEL

「どんな人になりたいですか？」
と尋ねられたなら、
あなたは何と答えますか？

シャネルは、生涯を通して
「かけがえのない人間でありたい」と
自分に答え続けた人でした。
ほかの人と同じことをするのが大嫌い。
だから、誰とも似ていない。
それはシャネルの強烈な魅力でした。

友だちは多いですか?

シャネルの女友だちは、
たったひとりだけでした。
それで充分だったし、
友だちが多いことに魅力を
感じていませんでした。
数ではなく質。
それがシャネルの
基本スタイルでした。

黒い服は好きですか？

シャネルは、
たくさんの色を使えば使うほど
下品になると考え、
黒を愛しました。
それまで喪服の色
でしかなかった黒を、
シックでモードな色としたのは
シャネルなのです。

どんなことに
お金を使いますか？

シャネルは、物を買うことではなく、
自分の格を上げることのために
お金を使いました。
どんな物を持っているか、ではなく、
どんなことをしているのか、
で勝負したのです。

今からではもう遅い、
と思うことはありますか？

シャネルが、モード界に
カムバックしたのは
七十一歳のときでした。
「退屈よりも大失敗を選んだの」
という言葉のとおり、
困難覚悟の決断でした。
それから八十七歳で亡くなるまで、
最前線で働き続けたのです。

イギリスの文学者バーナード・ショーは言っています。

――二十世紀最大の女はキュリー夫人とシャネルである。

シャネルは「規格品の幸せを買うような人生」だけはいやだ、
と思い続けた人でした。
自分の人生は自分で決める、と決意していた人でした。
そのために嫌われたり、孤立したり、傷ついたりしたけれど、
そのスタイルを変えることはありませんでした。

生き方そのものを「永遠のシャネル・スタイル」として
後世に残した「働く女の先駆者」ココ・シャネル。
彼女には、その生涯を通じて強い信条がありました。

かけがえのない人間であるためには、
人と違っていなければならない。

はじめに――「女の生き方」に革命を起こした人

「私はモードではなく、スタイルを作り出したのです」とシャネルは言いました。

ガブリエル・シャネル。ココという愛称で知られ、いまも多くの人たちに支持されるこのファッション・デザイナーは、「女の生き方革命」を成し遂げた、二十世紀を代表する人物です。

「シャネルスタイル」とは何か？

辞書的な意味で言えば「モード」も「スタイル」も同義ですが、シャネルのこの有名な言葉には「モード」というのは移り変わるものであり、「スタイル」というのは普遍的なものである、という強い区別があります。

それを証明するかのように、いま街を歩けば、あるいはファッション雑誌を開けば、自宅のクローゼットを眺めれば、いたるところにシャネルスタイルがあることがわかります。

シャネルブランドのバッグや服がそこにあるという意味ではありません。

たとえば、黒いワンピース、ジャージー素材の服、ツィードの服、マリンルック、パンタロン、プリーツスカート、イミテーションジュエリー、ショルダーバッグ、誰もが持っているリップスティックなど、すべてシャネルが生み出したものなのです。

永遠のマドモアゼル

孤児院から人生を始め、自力で「シャネル帝国」と呼ばれる一大ブランドを築きあげ、莫大《ばくだい》な富と名声を手にしたシャネルは、その超人的なヴァイタリティで八十七歳まで生き抜いて、もっとも嫌いな日曜日、仕事が休みの日曜日を選んで、死にました。

人は彼女のことを「マドモアゼル」と呼びました。六十歳になっても七十歳になっても、八十七歳で亡くなるまで、そう呼びました。

モード界ではアトリエ内での女性デザイナーを「マドモアゼル」と呼ぶ習慣があります。けれど、一般的に「マドモアゼル」と言った場合は、シャネルただひとりを意味するほど、つまり固有名詞となるほど、シャネルには絶対的な存在感があり、そして生涯を通して、正真正銘のマドモアゼル（未婚女性）でもありました。

恋多き女性であり、多くの男たち、それも一流の男たちとの恋愛がありました。何人かとは結婚も考えました。それでも、そのときどきでさまざまな理由があったにしても、結局、結婚はしませんでした。「仕事のためには、すべてを犠牲にした。恋でさえ犠牲にした。仕事は私の命を、むさぼり食った」と言うように、生涯を仕事に生きたのです。

「嫌悪《けんお》」の精神

シャネルの人生を貫くキーワードは、「怒り」「復讐」「自由」などいくつかありますが、もっとも重要なものとして、「嫌悪」があると私は考えます。

シャネル本人も「私は確かな嫌悪の精神をもっている」と言っていますが、嫌悪、これが彼女の人生の根幹にあると思うのです。

「好き」と言うのは簡単です。

人の気分を害することもないし、自分を寛大な人のように思うことができるし、否定的な感情はよくないという教育を受けてきているし、だからとりあえず「好き」ということにして、その場面をやり過ごす。そんなことを多くの人が人生の処世術として大した疑問ももたずに、行っています。

けれどシャネルは違います。

「嫌い」という感情を重視し、「嫌い」なものを自分の周りから、自分の人生からなくすことにエネルギーを注いだのです。

彼女は十九世紀的なものを葬《ほおむ》り去ったことから「皆殺しの天使」と呼ばれました。いったい何を葬ったのかと考えれば、動きにくい服、思考を奪うような大きな帽子、財力を見せつけるための宝石、けばけばしい色彩のドレスなど、すべて自分が「嫌い」なものだったということがわかります。

シャネルは「嫌い！」という心の叫びを誰より大切にすることで、世界的規模の「特別な人」に、時代を超越する「かけがえのない人」になったのです。

シャネルの言葉が効くとき

シャネルは他人にも自分にも厳しい人でした。「微妙《びみょう》」などという言葉は彼女の辞書にはなく、独善的で断定的な性格だったから、彼女が残した言葉は、やはりきつく、突き刺さるようなものも少なくありません。


人生にはさまざまなシーズンがあります。

「無理をしないで、頑張りすぎないで」というやり方でしか乗りきれないシーズンだって、確かにあります。人生が休息を求めている、そんなときには、シャネルは強烈すぎるかもしれません。

けれど人生には、いま自分がもっているエネルギーを総動員して勝負に出なければならない。そうしなければどうにもならないシーズンもまた、あります。そんなとき、あるいは立ち上がりたいのになかなか腰が重くて……と、自分自身をどうにかしたいときには、シャネルの言葉は驚くほどに効くでしょう。

強い言葉に含まれているもの

とはいえ、シャネルが残した言葉を集めてみれば、超人的なことを成し遂《と》げたこの女性にも、弱さや、涙を見せずに孤独に耐える姿があることがわかります。

また、ひとつひとつの言葉を並べてみれば矛盾が多々あることがわかりますが、誰かにそれを指摘されてもまったく悪びれない図太さももっていました。

それでも、シャネルのすべての言葉は、それがどんなに強気の言葉だったとしても、もしかしたらシャネルが誰よりも自分自身を律するために、自分自身に言い聞かせるように言っていた言葉なのかもしれません。

そんな想いを含んだまなざしで言葉を眺めてみれば、そこには「自分の人生を自分らしく生き抜いてみせる」という、ひとりの女性の健気《けなげ》な覚悟があることがわかり、あらためて胸うたれます。

その健気な覚悟は、生半可《なまはんか》なものではありませんでした。

「かけがえのない人間であるためには、人と違っていなければならない」という彼女の言葉にあるように、その過酷《かこく》な人生のなかで、ずっとシャネルは「ほかの人と自分とを区別する」ことを意識し続け、「かけがえのない人間でありたい」という情熱を失うことなく、もち続けたのです。

そして最後の最後、死の直前まで、そのスタイルを貫き通したという点において、その人生は、シャネルの生き方が好きかどうかとは別のところで、やはり美しいと思います。

ここにシャネルの言葉を集めました。

解説は簡潔に、けれど全体を読めば、シャネルの人生を眺められるようになっています。

読んでくださる方の人生のなかに、どんなかたちでもいい、どんな色彩でもいい、シャネルという稀有《けう》な女性の輝きを残すことができたなら、とても嬉しく思います。

はじめに ――「女の生き方」に革命を起こした人 …… 14
「シャネルスタイル」とは何か？／永遠のマドモアゼル
「嫌悪《けんお》」の精神／シャネルの言葉が効くとき
強い言葉に含まれているもの

CHAPTER I

Beauty

美

醜《みにく》さは許せるけど、
だらしなさは
絶対許せない。

最後のひと手間の効果 Perfume …… 31
神秘的な女性 Mysterious …… 33
揺るぎないルール Clean …… 35
「欠点」こそ魅力 Fault …… 37
なぜ「カメリア」なのか Camellia …… 39
真似される女 Imitate …… 41
だらしない人 Sloppy …… 43
強さを隠すということ Woman …… 45
ストイックであること Stoic …… 47
厚化粧の理由 Make up …… 49
「常識」への嫌悪《けんお》 Order …… 51

CHAPTER

Ⅱ

Love

恋愛

私の愛する人は、
私の意欲に
けっして水をさしたり
しない人だった。

「過剰」は美しくない Excess …… 55
変わらないデザイン Dress …… 57
恋愛と創作の両立 Love …… 61
すべてを満たす男 Family …… 63
女性の才能を伸ばす男 Lover …… 65
特別な男をひきつける女 Special …… 67
自立した女 Independence …… 69
シャネルの「C」 Capel …… 71
人生の暗部を愛した男 Other side …… 73
「金持ちの男」は難しい Rich …… 75
別れたあとの「関係」について Separation …… 77
性的な魅力のある服 Sexy …… 79
別れの美学 Timing …… 81
結婚に依存する女 Dependence …… 83
いびつな愛し方 Decision …… 85
「馬鹿な女《ひと》」と言える男 Sensual …… 87

「離婚できない女」への苛立《いらだ》ち Change……89
女をみじめにすること Self-esteem……91
自立した女の告白 Confession……93
女の価値 Value……95
結婚しない理由 Mademoiselle……97

CHAPTER Ⅲ

Fashion

ファッション

シンプルで、
着心地がよく、
無駄がない。
私はこの三つのことを
自然に、新しい服装に
取り入れていた。

「生き方」にふさわしい服 Style……101
人生を切り拓《ひら》く女性のシンボル Three……103
女性を「自由」にしたい Jersey……105
「贅沢《ぜいたく》とは見えないもの」 Lining……107
おしゃれはお金じゃない Money……109
イミテーションジュエリーは革命 Jewelry……111
時代が生んだ「香水」 Perfume……113
「リトルブラックドレス」 Black……115
「シンプル」は「貧しさ」ではない Simple……119
「日焼けした肌」の価値 Sunburn……121
白の魅力 White……123

CHAPTER Ⅳ

Work

仕事

誰も私に何ひとつ
教えてくれなかった。
私はすべてを
自分ひとりで覚えた。

七十一歳で復活 Revival……125
本当の女は「見せない」 Mini skirt……127
シャネルスーツは二着だけ Two suits……129
生半可《なまはんか》ではない覚悟 Intention……133
ビジネスチャンスを見極める Chance……135
「皆殺しの天使」と呼ばれて New era……137
「着たい服」しか作らない Woman……139
「人」に投資する Investment……141
デザイナーの社会的地位を上げる Designer……143
見返りを要求しない Artist……145
外出が嫌い Party……147
「真似されること」は成功の証《あかし》 Copy……149
創作とは「オリジナル」か Creative……151
芸術家ではなく「職人」 Mode……153
女王の深い孤独 Loneliness……155
沈黙の時代 Silence……157

CHAPTER V

Life

人生

私はこうなりたいと思い、
その道を選び、
そして
その想いを遂げた。

「批判」されたとき Criticism……159
「ビジネスウーマン」は嫌い Business……161
厳しい独裁者 Severe……163
「修業」なしの我流 Teacher……165
ほかの人と自分を区別する Difference……169
「生い立ち」の嘘 Make……171
「不幸」が生むエネルギー Unhappiness……173
「お金」への憧れ Money……175
「謙虚」の裏にある「ごまかし」 Arrogance……177
すべての本には価値がある Book……179
女たちは「退屈」だ Boring……181
「刺激」を与えてくれる親友 Friend……183
「あなたのために」の嘘 Advice……185
偉大な友人・ピカソについて Picasso……189
年齢と、その顔に表れるもの Face……191
人に嫌われることを恐れない My way……193

六十三歳、すべてをやり直す覚悟 Come back……195
鏡から目をそらさない Mirror……197
「しゃべりまくる人」について Chatter……199
カムバックの理由 Reason……201
「年齢」は関係ない Age……203
仕事と結婚のジレンマ Single……205
人間の価値 Person……209
「私が終わるとき」 Sunday……211
嫌悪《けんお》の精神 Hate……213

ココ・シャネル略年表……216
おわりに……218
参考文献……222

CHAPTER Ⅰ

Beauty

美

醜《みにく》さは許せるけど、
だらしなさは
絶対許せない。

香水で
仕上げをしない女に
未来はない。

P
erfume

最後のひと手間の効果

これはフランスの作家ポール・ヴァレリーの香水に関する名言ですが、シャネルはとても気に入っていて、いろんなところで使い、ほとんど自分のものとしていました。

メイクもファッションも、そして帽子からバッグ、靴にいたるまで完璧。そんな女性が最後に香水で仕上げをするかしないか、ここがすべての分かれ道。

「よい体臭の人なんていない」「そのままでいいなんていう考えは、自分を過大評価していて図々しい」というのがシャネルの意見でした。

身支度の最後に「香水で仕上げをしない女」は、そのほかが、どんなにすばらしくても、まったく魅力のない、美しくない女ということなのです。

香水は
まさに究極の
アクセサリー。

M
ysterious

神秘的な女性

シャネルにとっての香水は、イヤリングや指輪などの目に見えるアクセサリーよりもっと奥深いものでした。だから香水について語り始めると一段と冗舌《じょうぜつ》になりました。

「香水はその人の個性」

「香水は女の存在を印象づける重要なもの」

だからこそ自分にふさわしい、自分を表現する香りを選ばなければならないと、さまざまな場面で言っています。

彼女は耳たぶの後ろにいじいじと香水をつける女性を軽蔑《けいべつ》し、自分はたっぷりと香水をつけていました。だから、ジャケットを置き忘れてもすぐにそれがシャネルのものだとわかるくらいで、それを誇りに思っていました。

つけすぎだと顔をしかめる人もいたでしょうが、シャネルにとって香水は「究極のアクセサリー」だからこそ、強い主張がなければならなかったのです。

香水は貴女《あなた》が
キスしてほしいところに
つけなさい。

C
lean

揺るぎないルール

六十四歳のとき、ニューヨークで若い女性記者から「香水はどこにつけるべきでしょうか？」と尋ねられたときの言葉です。

シャネルは、「香水」をビジネスとしてはじめて成功させた人で、香水に関する言葉も多く、さまざまな場面で香水を奨励しました。

けれど、ただつければ良いというのではない、と言うあたりがシャネルらしくて、彼女は「つけ方」に対してルールを持っていました。つける場所のほかにも臭いを隠すための香水を禁じました。

「石鹸《せっけん》を使わないのなら、香水も使ってはいけない」

少女時代の孤児院、修道院での暮らし、清潔さを教えこまれた経験がシャネルをそうさせたと言われていますが、どんなに教えこまれても不潔な人はいますから、これはシャネルの性質が清潔好きだったと考えたほうが自然でしょう。

とにかく清潔にすること。

清潔な肌に香水をつけること。

これもまたシャネルの香水をつけるときの絶対的なルールでした。

欠点は魅力のひとつになるのに、
みんな隠すことばかり考える。
欠点をうまく使いこなせばいい。
これさえうまくゆけば、
なんだって可能になる。

F
ault

「欠点」こそ魅力

若いころのシャネルは当時の「美の基準」からすると、けっして「美しい女性」ではありませんでした。

「美しい女性」の基準は時代とともに変化しますが、シャネルが十代、二十代のころ、美の基準は変化しつつはあったものの、まだ十九世紀を引きずっていたのです。

十九世紀にもてはやされたのは豊満な肉体。シャネルとは正反対でした。自分の容姿が気になる年ごろですから、悩まなかったはずはありません。

けれどもシャネルは、十九世紀的美の基準から見れば「欠点」である、やせてほっそりとした体つきを隠しませんでした。

シンプルな服を着て、小さな帽子をかぶって、スレンダーな身体を際立たせ、さらに髪を短く切り、長い首を露出させました。結果、新しい、とびきりシックな女性が誕生し、多くの女性の憧れとなったのです。

もちろん、時代の変化を敏感に察知するという才能もありました。けれどここで重要なのは、「欠点」を「個性」ととらえ、「魅力」に変えてみせるという、まだ無名だったひとりの女性の心意気なのです。

花束は嫌い。
椿《つばき》（カメリア）が
一輪あれば充分。

C
amellia

なぜ「カメリア」なのか

椿《つばき》はシャネルブランドのシンボル。それにしても「花束は嫌い」「一輪だけ」とは、シンプルを愛したシャネルらしい言葉です。

ところで、なぜ椿なのか。

最愛の人、アーサー・カペルからプレゼントされた花で、その思い出が強烈だから、という説もありますが、シャネルは明確なことは言っていません。

ただ、アレクサンドル・デュマの小説『椿姫（ラ・トラヴィアータ）』はシャネルの愛読書であり、この小説では椿の花がエロティックなアイテムとして印象的に使われています。

また、椿の花は匂いがきつくないため、香水と喧嘩《けんか》しないという利点もありました。

椿の花には、たとえばゴージャスさではナンバーワンの薔薇《ばら》、これと比べると、シンプルな美しさがあります。

また椿は枯れるとき、首のところからポトリと落ちるので、うじうじと枯れていかない、そんな潔さも、シャネル好みだったのかもしれません。

私は自分の髪を
切っただけ。
そうしたらみんなが
真似をして髪を切った。
それだけのこと。

mitate

真似される女

シャネルが髪を切ったのは、最愛の人を自動車事故で失ったのち、一九一七年、三十四歳のときでした。

「狂乱の時代（レザネフォール）」と呼ばれる一九二〇年代にはショートカットが大流行するので、シャネルは時代に先がけて髪を切ったうちのひとりです。それをみんなが真似した、と言っているのですが、たしかにシャネルはヘアスタイルに限らず「真似される女」でした。

「女が真似したい女」には独自の強烈な魅力、美しさがあり、その人を真似したところでその人になれるわけもないけれど、真似しないではいられないのが女ごころ。

ストールの選び方、いったいどこで見つけてくるのか、しゃれた財布、はっとさせられるブローチの使い方、ネックレスの重ね方。コーヒーカップを持つときの指の動き。やわらかでウィットに富んだ挨拶《あいさつ》の言葉……。

そして「女が真似したい女」は「あの人、私の真似していや」なんて、けっして言いません。

それは無頓着《むとんちゃく》なのか、それとも「真似されることは魅力があることとの証拠」と知っているからなのか。シャネルはもちろん後者です。

醜《みにく》さは許せるけど、
だらしなさは
絶対許せない。

S
loppy

だらしない人

この場合の「醜《みにく》さ」は外見的なことを言っています。見た目が美しくない容姿をしているということは、基本的に、どうしようもないものです。

これは「許せるけど」と言うあたり、シャネルの性格のきつさ、自認している「傲漫《ごうまん》さ」を見ますが、フォーカスすべきはそこではなく、「だらしなさ」です。

「だらしなさ」は、その人の意識から生まれます。

だらしない服装、だらしない言葉、だらしない生活態度、だらしない口もと、だらしない両の膝《ひざ》……。

すべてに共通するのは、「緊張感ゼロ」ということ。

シャネルはこれが許せなかった。努力してなんとかなる分野に努力しない人を彼女は、強く軽蔑《けいべつ》していたのです。

女性は強さではなく
弱さを楽しまなくては。

W
oman

強さを隠すということ

一九二〇年代、シャネルが大活躍し始めるころ、シャネルがそうしたように短く髪を切る女性が増えました。また、シャネルのシンプルな服も流行したので「街から女性がいなくなった。シャネルが作りだした少年しかいない」などと言われました。けれど、シャネルは男性のようになるつもりなど、ひとかけらもなかった。「男性と対等であること」は大切、けれどそれはけっして「男性のようになること」ではないのです。

友人の詩人ジャン・コクトーが「シャネルは男性的な精神のもち主だ」と言ったときシャネルは怒り、挑戦的に頭に大きなリボンを飾りました。ひょんなことから誕生した、この蝶結《ちょうむす》びのヘアバンドがのちに、シャネルの代表的なアイテムとなるのですから面白いものです。

強く生きた人だから誤解されがちだけれど、シャネルは常に女性的で、男性に愛されることを欲していました。「女性は強さではなく弱さを楽しまなくては。強さを隠すのが楽しいの。これ、駆け引きとも言うわね」と言っていたくらいです。

どんなに仕事に熱中しても、どんなに自由であっても、女性らしさを失わずにいることを大切にしていたのです。

脂肪と戦うこと
だけを考えて、
ぼんやりと
過ごしているわ。

S
toic

ストイックであること

三十代の半ばころ、親しい女性に送った手紙の一文です。

シャネルはもともとスリムでしたが、それでも体型を維持するために、あれこれと美容法を試して努力していました。

彼女の場合は服を作るだけでなく、自分自身が広告塔だったため、体型維持、美貌の維持はビジネスのうえでも大切なことでした。

友人の詩人ジャン・コクトーはシャネルに言いました。

「あなたがどんなふうに暮らしているか、みんなに言いふらすつもりはないけれど、あなたが毎朝七時に起きて、夜は九時にベッドに入るなんて誰も信じないだろうな」

ストイックなシャネル。

シャネルのような女性でも、ひそかに努力をしていたと思うと、ダイエットのあれこれについて気軽に話しかけたいくらいに親しみが湧《わ》くと同時に、何もしないで維持できる美しさなどない、と再認識させられます。

メイクは、
ほかの人のために
するのではなく、
自分のため。

M
ake up

厚化粧の理由

とくに晩年、シャネルのメイクは誰が見ても、「見てはいけないもの」、あるいは「ついじーっと見入ってしまうもの」くらいに露骨《ろこつ》に厚化粧でした。

けれど勇気ある誰かがそのことを遠回しに指摘しても、シャネルは一ミリも動じませんでした。

彼女は若いころから「メイクというものは、誰よりも自分のためにする」という強い信念をもっていたからです。

自分の気持ちが高まるメイク、いまの自分にもっともふさわしいと思えるメイクを「自分のため」にすればいい。

だからあんなに濃く太く眉を描いて、きついアイラインで目を縁取《ふちど》っていたのです。

なにより自分の気持ちを高めるために。

秩序にはうんざりする。
無秩序こそが、
ラグジュアリーなのだ。

O
rder

「常識」への嫌悪《けんお》

「ラグジュアリー」は辞書的な意味で言えば「贅沢《ぜいたく》」とか「高級」ですが、この言葉が表現しうるイメージは、かなりの広範囲に及ぶでしょう。ここでのラグジュアリーは、限りなく「美」という意味に近いように思います。

束縛を嫌い、自由を選び、若いころから老いて死ぬ直前まで、シャネルは反抗的でした。考えもつかないものや予想できない事柄が大好きで、そういうことを与えてくれる人たちを自分の周りに置きました。

慣習を無批判に受け入れることも嫌い、社会の枠組みや「常識」に自分をはめこもうとする人たちに苛立《いらだ》ち、「私の頭のなかに秩序を押しこもうとする人々が嫌い」と言っています。

私の頭のなかに
秩序を押しこもうとする
人々が嫌い。

常に除去すること。
つけ足しは
絶対にいけない。

E
xcess

「過剰」は美しくない

常に除去する、そぎ落とす、無駄をなくす。

これは服を作るうえでのシャネルの信条。ドレスを作るときは、いらないフリル、飾りなどを潔くそぎ落として、シャネルスタイルを完成させました。

全体のコーディネイトも同様で、指輪、ネックレス、イヤリング、スカーフ、ブローチ……。なんでもよいからひとつ除去すると、そこにシックなスタイルが表れる。

シャネルが「つけ足し」を禁じたのは、それは間違いなく「過剰」につながるからです。

「過剰」(やりすぎ、飾りすぎ)が「下品」であるという感覚は、三十代半ばころパリに亡命してきたロシア貴族たちから学びました。もともと彼女がもっていた感覚ですが、本物の贅沢《ぜいたく》を知る彼らとのつき合いで確信に変わったのです。

奇抜さは
ドレスではなく、
女性のなかに
なくてはならない。

D ress

変わらないデザイン

一九五九年、シャネルが七十六歳のとき、もっとも影響力のあるファッション雑誌『ヴォーグ』に次のような記事がありました。

「女性はドレスよりも重要であるべきという考えのもと、シャネルはデザインをし続けてきた。四十年間ずっとこの考えは変わらなかった」

女性はドレス（服）に着られてしまうのではダメで、あくまでもドレスはその女性の個性の背景であるべき。

シャネルのこの考えは生涯変わりませんでした。

シンプルで無駄のないジャージー素材の服を提案した一九一〇年代からずっと、ディオールなどの男性デザイナーが華やかな服で女性を飾り立てることに反発して、七十一歳でカムバックしてからもずっと、一貫した信念として彼女のなかに存在していたのです。

CHAPTER Ⅱ

Love

恋愛

私の愛する人は、
私の意欲に
けっして水をさしたり
しない人だった。

仕事のための時間と
恋愛のための時間がある。
それ以外の時間なんて
あるわけがない。

Love

恋愛と創作の両立

シャネルが多くの女性の憧れとなっている理由のひとつに、「仕事だけの女ではなかった」ことがあげられるでしょう。

彼女は恋多き女でした。しかも相手は一流の男たち。

有名なところでは画家のピカソ、ダリ、音楽家のストラヴィンスキー、ヨーロッパ一の金持ちウェストミンスター公爵《こうしゃく》、ロシア皇室のディミトリ大公、映画監督のルキノ・ヴィスコンティなど。

これはほんの一部、多くの男性と恋愛関係をもち、また本人は秘密にしていましたが、バイセクシャルでもあったようで、とにかく恋愛エネルギーというものが強い女性でした。

そしてシャネルは恋愛相手からいつも、創作のインスピレーションを得ていました。イギリスのウェストミンスター公爵時代のツィードやマリンルック、ロシアのディミトリ大公時代の刺繍《ししゅう》やイミテーションジュエリーなど、シャネルのクリエイション（作品）には恋愛から生まれたものも多く、仕事と恋愛の理想の相乗効果をここに見ることができます。

彼は私にとって
父であり、兄であり、
家族そのものだった。

Family

すべてを満たす男

二十六歳のときに出逢った男性、アーサー・カペルは、シャネルが生涯で「もっとも愛した男」となります。

彼について語ったこの言葉には、どれほど彼のことが好きなのか、必要としているのかが表れていて、せつなくなるほど。

シャネルは幼いころに母親を亡くし、父親に捨てられ、孤児として育ったから、「家族そのもの」だと思わせてくれる恋人の存在は重要でした。

このことは、シャネルのような境遇で育たなくても、恋愛において多くの人に当てはまることかもしれません。つまり「彼」ひとりが自分のなかで何役もこなすから、ほかの人はいらない、ということ。その人が自分にとってのすべてだということです。だからこそ、彼を喪《うしな》ったときの衝撃ははかりしれないものがありました。

シャネルはやがてこの最愛の人を「死」という形で喪うことになります。カペルは若くして自動車事故で亡くなってしまうのです。

私の愛する人は、
私の意欲に
けっして水をさしたり
しない人だった。

L
over

女性の才能を伸ばす男

二十六歳のとき、シャネルはアーサー・カペルと出逢います。決定的な出逢いでした。

シャネルが帽子店を開いてすぐのころ、ビジネスを成功させ、自立したいと懸命だったとき、カペルはシャネルの人生に登場します。

帽子店を開店させてくれたのはシャネルの最初の恋人エチエンヌ・バルサンでしたが、裕福な家に生まれた彼にはシャネルの本気が理解できませんでした。

カペルは違いました。彼は私生児として生まれたという境遇のなか、自力で財産を築きあげた実業家で、シャネルの本気が理解できました。彼はシャネルの才能を高く評価し、その才能を伸ばそうと全力で協力しました。

この人といると、ものすごい意欲が湧いてくる、自分の力を思いっきり発揮できる……。つまり、「女性の才能を伸ばす男性」とシャネルは出逢ったのです。

「女性の自立」なんて言葉はどこを探してもない時代だったから、ビジネスを本気で応援してくれる恋人の存在は新鮮で、泣けるほどに心強いものでした。

彼は
私の人生に舞い降りた
最高の幸運だった。

Special

特別な男をひきつける女

シャネルが「もっとも愛した男」と言うアーサー・カペルは充分な財産、教養、社会的地位、すべてを持ち、かつ誰よりもシャネルの才能を開花させたいと願っていた人でした。

現代から見ても最高の恋人であり、しかも彼はシャネルを強く愛していました。だからシャネルは本人が言うように幸運でした。それは確かです。

けれど、どう考えたって「幸運」なだけではありません。人を好きになるのに理由はない、これは真実ではあるけれど、やはりシャネルはカペルのような男性から愛される理由をもっていたのです。

たとえば彼女は、その時代のどんな女性とも似ていませんでした。

当時は自分の才能を試したいという強い意欲をもつ女性は本当に少なかったし、シャネルはその行動全般が、時代や社会に対して反抗的で、つまりとてもユニークでした。特別な男性をひきつける魅力があったのです。

あなたを愛しているかどうか、
それは私が独立できたときに答える。
あなたの援助が必要でなくなったとき、
私があなたを本当に
愛しているかどうかわかるから。

Independence

自立した女

最愛の男性、カペルに「僕をほんとうに愛してる?」と尋ねられたときの答えです。シャネルには、誰かを愛していても、そのなかに「経済的援助を受けているから」という理由が隠れていないか、自分を疑う潔癖《けっぺき》さがありました。

彼のことは愛しているけれど、本当なのだろうか。

彼から財産をすべてとってしまっても、それでも私は彼を愛していると心から言えるのだろうか。経済的援助を受けていることへの負い目みたいなものも、そこにあったりしないだろうか。

なんという誇り高さ。当時としてはまさに奇蹟的、現代でさえ稀《まれ》でしょう。

数年後、シャネルがカペルに全額返済したとき、彼が言った言葉は有名です。

彼は少し寂しそうに、けれど心からの尊敬をこめて言いました。

「おもちゃを与えたつもりだったのに、自由を与えてしまったのだね」

彼を亡くしたときに
私はすべてを失った。

C
apel

シャネルの「C」

シャネルが心の底から愛したアーサー・カペルは、野心もあり、家柄のよい女性との結婚を選びます。けれどやはりシャネルのことが忘れられず、シャネルのもとに戻ろうとしていた時期、自動車事故で死んでしまいます。

シャネルの悲しみは、この世のものとは思えないほどに深く暗く、落ちこんでいる状態が大嫌いな人なのに、しばらくは立ち直ることができませんでした。

「彼の死は私の心に大きな空洞を作り、それはいまも塞《ふさ》がれていない」

カペルが死んだ日は、シャネルにとってまさに世界の終わりだったのです。

シャネル社のロゴマーク、「C」を背中合わせに組み合わせたデザインはシャネル自身が作ったものですが、アーサー・カペルの「C」とガブリエル・シャネルの「C」を組み合わせた意味もあると言われています。

というのも、カペルとシャネルの仲がよかったときに作られたあるトロフィーに、すでに背中合わせの「C」があるのです。

それほどの相手だったから、どんなに仕事で成功しようと、新しい恋人ができようと、カペルが残した空洞は塞がれることはなかったのです。

彼は気高《けだか》い魂《たましい》の
もち主だった。
彼の口からは汚いものは
出てこなかった。
彼は本物の詩人だった。

Other side

人生の暗部を愛した男

シャネルは三十代の後半に詩人のルヴェルディに出逢っています。ふたりはお互いの孤独の部分で惹《ひ》かれ合い、彼が亡くなるまで三十年以上も愛情と友情の関係は続きました。

シャネルは彼を男性としても愛したけれど、詩人として何より尊敬し、出版の援助をはじめ、彼の才能を世の中に認めさせようと必死でした。

シャネルは「生涯で私が愛したのはふたりだけ」と言うときもあり、その場合は、自動車事故で急逝《きゅうせい》した最愛のカペルと、このルヴェルディだと考えられます。

ルヴェルディは社交界とは無縁で、俗っぽさを憎み、人生の暗部を愛した男でした。

「愛しいココ。影が光のもっとも美しい宝石箱であることを君は知らない。ぼくが君のためにもっとも優しい友情をたえず育んできたのは、この影のなかでなのだ」

ルヴェルディからシャネルへの言葉です。

シャネルの影の部分、魂の奥深いところにふれることができた彼は、だからこそシャネルにとって特別な存在でした。周囲の人に見せることのない自分自身の文学的な顔、心の底にある魂の問題を、見せることができたのですから。

世界一金持ちの男と
つき合うというのは、
一番お金の
かかることだ。

R
ich

「金持ちの男」は難しい

シャネルの華麗な恋愛遍歴のなかでも、もっともきらびやかな恋愛はやはり、ウェストミンスター公爵《こうしゃく》とのものでしょう。

シャネルが四十歳のときで、相手はイギリス王室の血をひく公爵、ヨーロッパ一の金持ちと言われていました。

彼は、いままで彼の周囲にいた、どんな女性たちとも似ていない強烈な個性をもつシャネルに夢中になり、贈り物攻めにします。贈り物といってもスケールが違って、たとえば新鮮な野菜がたくさん入ったかごの中に、大きなエメラルドの原石が隠れているようなものが飛行機で届けられるのです。

シャネルはそのときすでに、名声も富も手にしていました。そしてゴージャスな贈り物が届くたびに、それに見合う贈り物をただちに返したから、お金がかかる、と言っているのです。

世界的に有名なスターデザイナー、シャネルと対等につき合える男性はこの時代、「ヨーロッパ一の金持ち」しかいなかったのかもしれません。

ゴージャスな恋人たちをマスコミが追い回し、ふたりの華やかな姿が新聞雑誌を飾り、多くの女性がシャネルに対する憧れを募らせました。

男とは
「ノン」と言ってから
本当の友だちに
なれるもの。

S
eparation

別れたあとの「関係」について

好きな人からプロポーズされればもちろん嬉しいけれど、その人との結婚のなかに「自分がしたいことをする環境」が見出せないとき、シャネルは「ノン」を言いました。

シャネルの「ノン」は常に「仕事に集中できない環境」に向けられていました。たとえばウェストミンスター公爵《こうしゃく》と結婚をしなかった理由は、「子どもを産めないこと」、「働かないで暮らせる男との休暇のような生活が退屈になってきた」など、いくつもあったでしょう。けれど、もっとも単純で強い理由はおそらくひとつだけ。

「結婚」ではなく「仕事」を選んだのです。

これは当時としては信じられない選択でした。しかも相手は、「世界中でもっとも夫にしたい男」と言われたウェストミンスター公爵。

恋人としての関係が終わったあとも友だちとしてつき合い続けるというのはシャネルの恋愛の特徴のひとつですが、公爵にも「ノン」を言い、友情を残したのです。

ウェストミンスター
公爵《こうしゃく》夫人は
数多く存在しても、
ガブリエル・シャネルは
ただひとり。

S
exy

性的な魅力のある服

ガブリエル・シャネル、これはシャネルの本名です。いまでは「ココ・シャネル」が一般的ですが、「ココ」というのは二十歳のころ、歌手を目指してカフェの舞台で歌っていたときにつけられた愛称で、親しくもない人から「ココ」と呼ばれることをシャネル本人は嫌っていました。

さて、この有名な言葉はヨーロッパ一の金持ちと言われるウェストミンスター公爵との結婚よりも仕事を選んだときのもので、実際はマスコミが作ったようですが、まさにシャネルが言いそうなこと、ぴったりな言葉です。

ウェストミンスター公爵ほどの人よりも仕事を選んだ彼女は、仕事を選んだにもかかわらず、恋の勝者のイメージを強め、多くの女性たちの目標となりました。あるアメリカ人作家がパリについての本を出版したとき、シャネルについてこんなふうに書いています。

「結婚したい女性は男の好みを知りつくしているカンボン通りのシャネルの店に急ぎなさい。シャネルの服には〝it《イット》（性的な魅力）〟がある。シャネル本人にそれがたっぷりあるからだ」

私はいつも、
いつ立ち去るべきかを
知っていた。

T iming

別れの美学

恋愛の終わりは、たいていはきれいにはいかないもの。

恋愛についての切れ味鋭い名言を多く残しているシャネルにしても、「どろどろ」や「うつうつ」や「じめじめ」の感情をもてあますことがあったでしょう。

それでも自分自身の目標として、「引き際を美しく」、これを強く意識していました。

たとえばウェストミンスター公爵《こうしゃく》との恋愛。彼は家柄のことがあり、後継ぎが必要でした。結婚を望む公爵には「もし子どもができたら結婚するわ」と答えていました。シャネルは四十五歳。子どもが持てるかどうかあらゆる検査をし、結果、その望みがないとわかると、潔く立ち去り、彼に欲しいものを手に入れるチャンスを与えたのです。

公爵はほかの女性と結婚、新婦のウェディングドレスはシャネルが作りました。

「人が言う〝すばらしい地位〟なんていらなかった。彼がほかの女性と結婚することを私は要求した」

男を獲物《えもの》として見る女が
多いのには驚かされる。
私は男を罠《わな》にかける
ようなことはしない。

D
ependence

結婚に依存する女

「結婚に依存する女に未来はない」とばかりに、夫の地位や財産に依存して生きようという女性たちをシャネルは嫌っていました。

男性を獲物のように見る女に魅力はなく、品性のかけらもない。

あくまでも結婚は愛が理由でなければならない。

これがシャネルの考えでした。

それまでは「彼」のことを相手にしなかった女性が、その「彼」が経済力をもったとたんに結婚を決めるなんて話には激怒しました。最低の女であり、そんな女を見抜けない男も最低、似たもの同士ね、というわけです。

経済的に依存するな、というキツイ言葉ばかりが目立って見落としがちですが、シャネルには「結婚は純粋で神聖なもの」と考える一面もあったのです。

私の過去は彼を苦しめた。
彼ははるかかなたの
過去に戻って
一緒に暮らすことを望んだ。
彼は私の過去すべてを
知りたがった。

D
ecision

いびつな愛し方

五十歳のころの恋人、ポール・イリブはイラストレーターであり、装飾デザイナーであり、あらゆる方面に才能を持つ、世渡り上手な男性でした。ウェストミンスター公爵と別れたあとのシャネルの恋人で、過去にまで嫉妬する、そんな愛され方を、シャネルにしてはめずらしく喜んだ相手が、イリブでした。

彼といると、多少いびつなものではあっても「愛されている」実感を得ることができて、そのことがシャネルには心地よかったのです。

五十歳という年齢もあったかもしれません。ひとりでずっとやってきたけれど、ここで誰かと一緒に何かをするのもよいかも、と思ったのか、シャネルは彼を自分のビジネスの世界に引き入れ、ともに仕事をするという、今までになかった決断をします。そして私生活でも彼と結婚することを決めました。

それなのに、いったい彼女はどこまで結婚から避けられているのでしょうか。南仏の別荘で一緒にテニスをしているときに、イリブは心臓発作で倒れ、死んでしまうのです。彼が生きていれば、長続きしたかどうかはわからないにしても、シャネルの人生に「結婚」が加わっていたはずです。

彼はいつも私のことを
こう言っていた。
「あなたはあわれで
馬鹿な女《ひと》だ」

S
ensual

「馬鹿な女《ひと》」と言える男

結婚まで考えた男性、ポール・イリブは、シャネルを女王扱いしませんでした。むしろ「あなたは外では完璧にふるまっているけど馬鹿な女なんだよね」といった扱いをしました。それがシャネルのある部分をくすぐったのでしょう。

「馬鹿だなあ」と「言ってくれる」男性に女性は甘えられるのかもしれません。

とくに社会的地位のある自立した女性は、男性からの賞賛、尊敬の眼差しには慣れていても、「馬鹿だなあ」には慣れていないから、周囲があきれるほどの状態になってしまうのかもしれません。

五十歳になってシャネルは、「馬鹿な女」として甘えられる男性に出逢ったのです。

ふたりは官能的な関係でもありました。シャネルの厳しい人生のなかで、めずらしい色彩をもつシーズン。官能についてはこんな言葉もあります。

「人がほかの人をもっとも喜ばせるもの。それは官能の喜び、ただ官能だけだ。理性とか人間の価値とか資質とは関係がなく、その人そのものに向けられるものだから」

「経済力がないから
離婚できない」と、
くよくよする暇と
エネルギーがあるなら、
それを使って
さっさと人生を変えなさい。

C
hange

「離婚できない女」への苛立《いらだ》ち

「もう夫婦の間に愛情がないから」、あるいは「夫に愛人がいてつらいから」、あるいは「ほかに好きな人がいるから」、あるいは「夫に対して生理的嫌悪《けんお》感があるから」。

さまざまな理由で「離婚したい」、でも「経済力がないからできない」と嘆く女性を見ると、シャネルはとても苛立ちました。

彼女たちはいつもくよくよして、不満を言うばかりで現状を変えることにまったくエネルギーを使わないのはなぜか、理解できなかったのです。

くよくよするにもエネルギーを使うのだから、そのエネルギーをほかに回したほうがよい、というのがシャネルの意見。

もちろん「経済力を得るための努力」が一番だけれど、たとえば「現状を少しでも好転させるための努力」「不満を感じる暇もないほど忙しくする努力」などでもよいのでしょう。何ひとつ変えるつもりも、そのための努力もしないでいる、その「怠慢《たいまん》な精神」こそ、シャネルが激しく嫌悪するものだったのです。

愛の物語が
幕を閉じたときは、
そっと爪先《つまさき》立って
抜け出すこと。

S

elf-esteem

女をみじめにすること

晩年のシャネルのもとには、多くの若い女性たちが恋愛相談に訪れました。

女優のロミー・シュナイダーもそのひとり。彼女は映画監督のヴィスコンティに連れられてシャネルの店を訪れ、それからシャネルのもとでファッションのセンスを磨き、みるみるうちに洗練されておしゃれなパリジェンヌになりました。

ロミーはアラン・ドロンとの恋愛に悩んでいて、シャネルは彼女の話をよく聞き、恋心をかきたてるテクニックなど、あれこれとアドヴァイスをしましたが、ロミーが「最近、ほったらかしにされているみたい」と言いだしたとたん、別れることをすすめました。

気持ちの離れた恋人を追いかけること、それは女をみじめにするだけではなく、「自尊心」までも失ってしまう愚行《ぐこう》だとシャネルは考えていたからです。

強い男でなければ
私と一緒に暮らすのは
とても難しい。
そしてその人が
私よりも強ければ、
私がその人と暮らす
ことは不可能なのだ。

Confession

自立した女の告白

仕事への意欲を人並み以上にもった女性が抱える、どうしようもない想い。

誰かに頼ることができない女性の、どうしようもない想い。

子どもを欲しいと願ったこともあるし、この人と暮らしたいと思ったこともあるけれど、そんな欲求を抱くたびに、いつも同時に、仕事への、創作への強い欲求が表れて、両者の間でうずくまることになる、そんな女性の、どうしようもない想い。

強い男性でなければだめだけど、自分より強ければだめなのだ、という矛盾したこの言葉は、シャネルが生涯解決できなかった、もうどうしようもない問題の告白なのです。

老若《ろうにゃく》にかかわらず、
女の幸せは
愛されることにある。

V
alue

女の価値

晩年のテレビインタビューで、怒ったように、何かに挑戦するかのように「女の幸せは愛されることにある。女は男に愛されてこそ、幸せなのだ。男に愛されない女など、何の価値もない」と言いきったシャネルは、長い人生、多くの男性、それも一流の人たちに愛されてきました。

人生のラストシーズンはさすがに熱烈に求められることもなくて、淋しさをかみしめる夜が多く、そんな時期に現在の自分自身と過去の恋愛経験を見つめて、出てきた言葉です。

仕事に生きた人だったけれど、それだけではだめで、恋多き女であったシャネルらしい、最後まで色気から離れなかったことを感じさせる言葉です。

男が本当に女に
贈り物をしたい
と思ったら
結婚するものだ。

M

ademoiselle

結婚しない理由

シャネルはコレクションのショーの最後をウェディングドレスで飾ったことがない、めずらしいデザイナーでした。

人は彼女のことを、彼女が八十七歳になっても「マドモアゼル」と呼びました。

モード界ではアトリエ内の女性ファッションデザイナーを「マドモアゼル」と呼ぶ習慣があったけれど、一般的に「マドモアゼル」と言ったらそれはただひとり、シャネルを表す固有名詞でした。

そして生涯を通して「マドモアゼル（未婚女性）」でもありました。

非婚主義者であったわけではなく、結婚したいと思った人はいたし、しようと思ったこともあったけれど、恋人の死や後継ぎの問題など、さまざまな理由があって、結果的に結婚しないままでした。

そして仕事に生きました。それでも、生涯を通して、積極的に結婚のための行動は起こさなかったとはいえ、愛する人から「結婚してください」と言われることを望む女性でもあったのです。

CHAPTER Ⅲ

Fashion

ファッション

シンプルで、
着心地がよく、
無駄がない。
私はこの三つのことを自然に、
新しい服装に取り入れていた。

モードではなく、
私はスタイルを
作り出したのだ。

S
tyle

「生き方」にふさわしい服

「モードは変わるけれど、スタイルは普遍」というのがシャネルの信条でした。

「モード」、つまり「流行」は、文字通り流れ行《ゆ》くもの、移ろうものであり、そうでなければビジネスになりません。コレクションのたびに新しいモードが生まれ、古いものが廃《すた》れるからこそファッション業界は成り立つのですから。

シャネルが言う「スタイル」とは、もっと普遍的な何か。ひと言で言ってしまえば「生き方」。新しい時代の生き方、自由に自らの人生を生き、その責任も負う、そういう生き方です。

シャネルは自分自身が自由に「生きる」ことによって、そしてその生き方にふさわしい服装を提案することによって、女性たちのリーダーとなったのです。

シンプルで、
着心地がよく、
無駄がない。
私はこの三つのことを自然に、
新しい服装に取り入れていた。

Three

人生を切り拓《ひら》く女性のシンボル

シャネルが三十一歳のときに第一次世界大戦が勃発《ぼっぱつ》。富める者も貧しい者も生活の変化を強いられました。男たちは戦場に行き、残された女性たちも忙しくなり、身体を動かしやすい服が求められました。腕を上げられ、速く歩けて、つまり実用的な服。

それはまさにシャネルが主張したいと思っていたスタイルであり、時代がシャネルと合致したのです。

それまでの女性は、コルセットでぎゅうぎゅうにウエストを絞り上げたうえ、ロングドレスに装飾過多《そうしょくかた》の帽子といった、自由に動き回ることのできない服装をしていました。シャネルに言わせれば「あんな大きなごちゃごちゃとした帽子の下ではちゃんと考えることさえできない」、そんな状態だったのです。

「シンプルで、着心地がよく、無駄がない」

この三つのポイントはシャネルスタイルの基本中の基本です。自分で人生を切り拓《ひら》いてゆく女性たちのシンボルでもあり、シャネルの生き方そのものでした。

ジャージーを使うことで、
私はまず締めつけられた
肉体を解放した。

J
ersey

女性を「自由」にしたい

伸縮性に富むジャージー、この生地で作った服が爆発的に支持されて、シャネルの成功の足がかりになります。

ジャージー素材の生地は、男性の下着などには使われていたけれど、まさかそれを女性の外出着にするだなんて、誰も考えつかなかったのです。シャネルは「ジャージーの独裁者」などと呼ばれ、やがてシルクジャージーでドレスまで作るようになります。

もともとは戦時下で布地が不足し、何かないものか……と頭を巡らせて思いついたジャージー。安くて丈夫で機能性のある服は飛ぶように売れ、すぐにアメリカの『ハーパーズ・バザー』誌が「シャネルを一着も持っていない女性は取り返しがつかないほど流行遅れ」とジャージー素材のドレスを掲載しました。

いまでは当たり前のように使われているジャージー素材ですが、もとはシャネルの、女性の肉体を解放したい、さらには精神を解放したい、自由にしたいという願いがあるのです。

表以上に裏が大切。
本当の贅沢《ぜいたく》は、裏にある。

L
ining

「贅沢《ぜいたく》とは見えないもの」

三十歳のときに出逢ったロシアのディミトリ大公からは、多くの創作のインスピレーションを得ました。ロシア的なものにシャネルは強く魅了《みりょう》されたのです。

そのひとつに裏地に毛皮を使ったコートがあり、これはパリ発のモードとして世界中に大流行しました。

シャネルは、このコートで主張しました。毛皮は裏打ちに使うためのもの、暖かくするためのもので、見せびらかすものではない。「本当の贅沢は裏にある、贅沢とは表に表れないものなのだ」と。

毛皮に限らずドレス、スーツなど、すべてにシャネルは、その裏地に贅沢すぎるほどの布地を使い、そして細やかな神経を注いだのです。

宝石好きの女たちは、
首のまわりに
小切手をつけている
ようなものだ。

Money

おしゃれはお金じゃない

シャネルは上流階級の女性たちを嫌っていました。

夫の富のもとでしか存在価値がなく、パーティーでは他人の宝石ばかりを気にしていて、宝石によって自分の価値が決まるかのように考えている。つまりお金をかけることでしか、ファッションを楽しむことができない、だから軽蔑する。そういうことです。

「価値ある宝石をつけたからといって、それで女が豊かになるわけではない」とも言いましたが、この一見当たり前のことが理解されない時代でした。

だからシャネルは、とっても魅力的ではあるけれど、本物の宝石ではないアクセサリー（イミテーションジュエリー）を作り、宝石好きの人たちに挑戦状を叩きつけたのです。

きっかけは、恋人であるロシアのディミトリ大公から贈られた十字型のアクセサリー。宝石ではないけれど、その美しさに惹《ひ》かれて、イミテーションジュエリーのアイディアを思いつきます。

そしてそれを大流行させ、「おしゃれというのはお金ではなく、センスで楽しむもの」だということを証明したのです。

宝石はそれをつける人に
ふさわしく役立つ。
私が宝石をたくさんつけるのは、
私がつけると全部偽物《にせもの》に
見えることが楽しいからだ。

Jewelry

イミテーションジュエリーは革命

シャネルが発表したイミテーションの美しいアクセサリーに、上流階級の女性たちは夢中になりました。イミテーションとは「模造品」「偽物《にせもの》」という意味です。

シャネルは、さぞかし胸のすく思いだったことでしょう。彼女は、そんな女性たちを眺めながら不敵に微笑みました。みんながイミテーションをつけているなかで、自分だけが本物をつけて。

シャネルがつけているのはイミテーションか本物か、それとも両方が混ざっているのか？　みんなが知りたがり、そして誰にも答えがわからないことが楽しくてしょうがない。

イミテーションジュエリーを流行させたことで、シャネルは実に重大なことを成しました。つまり「財力とおしゃれを切り離す」という、これはシャネルの革命です。

そんなシャネルがもっとも大切にしていたアクセサリーは、最愛の人、若くして自動車事故で亡くなったアーサー・カペルから贈られた指輪と小粒のパールのネックレスでした。

私は、
それをつけただけで
神秘的に魅力的に
なるような香水、
世界で一番高価な
香水を作った。

P
erfume

時代が生んだ「香水」

世界でもっとも有名な香水「No.5」は、調香師エルネスト・ボーとの共同作業から生まれました。シャネルは彼に言いました。

「花ベースの香水は女性を神秘的に見せないから嫌。もっと複雑で長続きする、とにかく女性らしい香水を作って。すごく高価になってもいい」

ボーは言います。「ふたつのシリーズ試作品。1番から5番、20番から24番の中から彼女は迷わず5番を選びました。名前の話になって、『コレクションを五月五日に発表する予定だからNo.5にするわ。私のラッキーナンバーなの』と彼女は言ったのです」

商業的な成功という意味のほかにも「No.5」の登場は革命的でした。

まず名前。それまでは文学的な長いものが多かったのに対して無機質な数字。包装も白地に黒で品名《ひんめい》が記されているだけ。そして、その姿かたち。薬《くすり》ビンのようにシンプルなそれは新鮮でシック。ルネ・ラリックなどの装飾的なビンは時代遅れとなりました。

のちにマリリン・モンローが「夜は何を着て寝ますか?」という記者の問いに「シャネルのNo.5よ」と答え、No.5の存在を世界に決定づけました。

たくさんの色を
使えば使うほど、
醜《みにく》くなるというのを、
女たちは気づかない。

Black

「リトルブラックドレス」

シャネルが「黒」を打ち出したのは、けばけばしい色彩のドレスを着る女性たちを見て、「彼女たちに黒を着せてやる」と思ったことがきっかけでした。

「黒はすべての色に勝る」
「私の前は誰も黒を着る勇気がなかった」

シャネルの黒にまつわる言葉はたくさんあります。もともとシャネルは黒い服が好きでした。「リトルブラックドレス」を売り出したのは四十代のはじめ。これは革命的でした。喪服の色でしかなかった「黒」を街中にあふれさせたのですから。

以後、「黒」はパリ・モードの主流となり、もっともシックな色となったのです。

画家ルドンは「黒はもっとも本質的な色彩である」と言い、美のクリエーター、セルジュ・ルタンスは「俗世界やあいまいさに〝ノン〟と言うきっぱりとした姿勢がノワール（黒）」と言いましたが、シャネルの黒はまさにそういう黒。

当時、リトルブラックドレスを評して『エル』誌は「この一着だけでシャネルの名は不滅だ」と書きましたが、まさにシャネルスーツと並ぶ、永遠のシャネルスタイルとなったのです。

私の前は
誰も黒を着る
勇気がなかった。

「シンプル」と
「貧しさ」を
取り違えることほど
馬鹿なことはない。

S
imple

「シンプル」は「貧しさ」ではない

「リトルブラックドレス」、「黒一色で装飾の少ないシンプルな形のワンピース」が流行すると、これを「貧乏スタイル」だと批判する人もいました。

けれどシャネルは猛然《もうぜん》と反発。

「上質の布地で仕立てられ、贅沢《ぜいたく》な裏地をつけた服が貧しいはずがない」

虚飾《きょしょく》、無駄をそぎ落としたところにあるスタイル、これこそが真のエレガンスというものであり、洗練された装いである。

これがシャネルの確固たる信念だったからです。

日焼けした肌に
真っ白なイヤリング、
それが私のセンス。

S
unburn

「日焼けした肌」の価値

当時、日焼けした肌は労働者のものであり、上流階級の女性たちは白い肌を自慢、それを財力とよい家柄の証《あかし》としていました。

ところが、シャネルが恋人のウェストミンスター公爵《こうしゃく》とのクルージングで肌を焼き、白いイヤリングをつけ、日焼けした肌に似合うマリンルックを発表するとそれまでの価値観が転覆します。

つまり日焼けした肌は、バカンスを楽しめる人たちの特権、スタイリッシュなものとなり、白い肌は貧しさの象徴となったのです。

シャネルには既成概念《きせいがいねん》をひっくりかえす反骨《はんこつ》精神があり、次々と革命を起こしたわけですが、日焼けした肌もそのひとつでした。

それにしても、ある春の日のカンヌ、公爵の船から降り立ったシャネルは強烈でした。男物の紺のカーディガンを肩にかけ、ボーダーのシャツに幅広の白いパンタロンといったマリンルック。日焼けしていて、健康的で若々しく、最高にスタイリッシュ。みんなが真似したがるのも当然でした。

パーティーで
黒か白のドレスを着た女は
誰よりも目を引く。

W
hite

白の魅力

五十歳前後のシャネルは、すでにパリの代表的人物として、社交界のスターでした。

パーティーに自分がデザインした服を着て、恋人と姿を現すことが最大の宣伝にもなりました。

「昼は動きやすい服でも、夜は蝶《ちょう》のように軽やかで透き通った服を着る」というエレガンスを主張、白いレースのイヴニングドレスはシャネルの定番でした。

白の魅力について、こう言っています。

「雪は無邪気《むじゃき》にすべてをつつみ隠してしまう」

「『黒はすべてを含む色』と、かつて私は言ったけれど、その意味では白も同じ。黒と白は絶対的な美であり、完全な調和」

黒と白、この二色はシャネルカラーとしてさまざまなアイテムに使われました。

私は論理的な女だから、
理にかなった服しか
作らない。

R
evival

七十一歳で復活

十五年の沈黙ののち、七十一歳でモード界にカムバックしたシャネル。

注目の復帰第一回目のコレクション、フランスのマスコミはすべて酷評、コレクションは大失敗とされました。

ところがアメリカはまったく逆で、大絶賛したのです。三度目のコレクションには『ライフ』誌が特集を組み「ガブリエル・シャネルがもたらしたのはモード以上のもの、革命である」と書きました。

そしてこのカムバックコレクションの中にあったのが、シャネルの代名詞ともいえる「シャネルスーツ」。この評判がとてもよかったことにシャネルは敏感に反応し、このアイテムに力を注ぎます。

シャネルが提案したのは「新しい生活に合った新しいスタイル」。アメリカでは女性の社会進出が進み、彼女たちは職場でも夜のパーティでも着られて、ステイタスのある服を求めていました。シャネルスーツはまさに彼女たちが求めていたものだったのです。ほとんどの人はコピー服でしたが、本物のシャネルスーツが欲しい人は、ただそれだけのためにパリのカンボン通りを訪れたのです。

ミニスカートなんか大嫌い。

M
ini skirt

本当の女は「見せない」

一九六〇年代、シャネルの晩年にあたるその時代は、マリー・クワントに代表されるミニスカートが流行しますが、シャネルはこれに反発。

「なぜあんなものをはくのかわからない。あんなものを好む男の気持ちもわからない。そもそも膝を出す女は下品。膝は関節。見せるものではない」

そして「大人は若者文化に媚《こ》びてはならない」と主張、「四十歳から女は本当の女になり、ようやく着方がわかってくるのだから、私は恥じらいをもったエレガンスを本当の女たちのために、戦い、守る」と言いきりました。

時代の先端を走り、新しいものを発表し続けた革新派のシャネルが保守派の代表となったのです。

そして「本当の女」たちのために、ジャージードレス、リトルブラックドレス、コスチュームジュエリー、繊細なレースのイヴニングドレス、ツートンカラーの靴、シックな帽子、ショルダーチェーンのキルティングバッグなど、シャネルの定番アイテムにそのシーズンごとのテイストを添えて、発表し続けたのです。

私はシャネルスーツを
二着持っている。
この二着で私はいつも
ちゃんとした
格好をしていられる。
これがシャネル
というものだ。

Two suits

シャネルスーツは二着だけ

パリのホテル・リッツの部屋でシャネルが亡くなったとき、クローゼットにはシャネルスーツが二着かかっているだけでした。

最晩年のシャネルはこの二着を愛用していました。

晩年のコレクションについては批判もありました。シャネルスーツは永遠に改善を加えられるだけの同じものだと。一方で「シャネルは限界のなかに果てしないバリエーションを作り出す」という評価もありました。

たしかにシャネルスーツは、同じデザインを違う素材で繰り返し、ボタン、紐、裏地など細部で趣向を変えて発表されました。

けれどどこが大事なのです。シャネルスーツはいわば制服。これを着ることで、着る人の個性が際立ち、着ている人に安心感を与えるという、まさにシャネルの信条そのものです。

だから、おびただしい数の服を世界に発表してきた人が、最後にこれだけで充分、としたのがシャネルスーツだったのです。

シャネルの葬儀では、最前列にシャネルのモデルたちが並びました。全員がシャネルスーツを着ていました。

CHAPTER Ⅳ

Work

仕事

誰も私に何ひとつ
教えてくれなかった。
私はすべてを
自分ひとりで覚えた。

仕事のためには、
すべてを犠牲《ぎせい》にした。
恋でさえ犠牲にした。
仕事は私の命を
むさぼり食った。

Intention

生半可《なまはんか》ではない覚悟

あることを成し遂《と》げるためには、ときに、何かを犠牲《ぎせい》にしなければならない。

これはよく言われることで、成し遂げたいことのスケールが大きければ大きいほど、そのための犠牲も大きくなるのかもしれません。

いわゆる成功した人たちのなかには、犠牲を認めない人もいます。何も犠牲にしないまま「自然体」でいまの地位を手に入れた、と言う人たちです。

これは本人の意識の問題なのでしょう。犠牲とは何か、という定義の問題もあるけれど、犠牲を認めない人には、少なからず自分に対するごまかしや、犠牲となったものに対する鈍感さ、事実の美化があるように思います。

仕事を選んだ、仕事に命を捧げた、という女性を、なぜか憐《あわ》れみの目で見る人々が多いなかで、シャネルは「すべてを犠牲にした」と言いきりました。潔いし、「働く女の先駆者」「仕事に生き、仕事で大成功した女性の代表」とされるシャネルの、生半可ではない覚悟がくっきりと見えます。

人は非常事態のなかで
才能を表すものだ。

Chance

ビジネスチャンスを見極める

ひと言に「非常事態」といっても、さまざまな状況があります。社会の問題、会社の問題、家庭の問題、自分自身の問題……。シャネルにとっての非常事態のひとつに第一次世界大戦がありました。

まったく自分の力の及ばないところで勃発した戦争、まさに非常事態。そのときシャネルは高級リゾート地、ドーヴィルで、新しい店を開店したばかり。そのタイミングで戦争となり、パリから上流階級の女性たちが、ヴァカンスではなく疎開のためにこの地に押し寄せたのです。シャネルはこれをビジネスチャンスととらえました。

この非常時こそ、自分が作り始めていた服装、おしゃれで動きやすい服の出番なのだと確信、集中してジャージー素材の服を量産し、成功への第一歩を踏み出したのです。

新しい世紀の児《こ》である私は、
新しい世紀を服装で
表現しようとしたのだ。

N
ew era

「皆殺しの天使」と呼ばれて

シャネルが生まれながらにしてもっていた才能はふたつありま す。「生まれた時代」と「女性であること」です。

作家のポール・モランは、シャネルが十九世紀的なものをすべて葬《ほうむ》り去ったということで、シャネルを「皆殺しの天使」と呼びました。その強《きょう》烈《れつ》さ、情け容赦《ようしゃ》のない感じ、それでいて美しく、シャネルにぴったりの言葉です。

シャネルがもっとも嫌った十九世紀的なものは「頭に大きな帽子をのせて、コルセットで身体を絞り上げて、ずるずると裾《すそ》を引きずりながらよちよちと歩く、男性の付属物でしかない女たち」でしょう。

シャネルが登場した時代は、シャネルのような人物を待っていたかのようであり、シャネル自身もそのことを充分自覚していました。

「ひとつのモードは終わりを告げ、次のモードが生まれようとしていた。そのポイントに私はいた」

十九世紀から二十世紀へ。数字としての変化だけではなく、女性の社会進出などに見られる人々の思想、その思想の表れでもある服装、そういったものも変化しつつあったのです。

私は自分が
着たい服を着ただけ。
私はいつだって
自分が着たいと思うもの
以外作らない。

W
oman

「着たい服」しか作らない

シャネルが生まれながらにしてもっていたふたつの才能、ひとつは「生まれた時代」、もうひとつが「女性であること」です。

男社会のなかで女性が活躍するのは難しい時代だったから、そういう意味ではマイナスだけれど、シャネルはこれを最強の武器にします。

つまり、それまではほとんどが男性デザイナーであり、彼らはどんなにがんばっても、自分で作った女性の服を着ることはできません。自分が「女性に着せたい服」を作ることしかできなくて、ドレスの下にある身体が快適かどうかなんて、ほとんど考えなかったのです。

けれどシャネルは自分が着るための服、着たい服を作ることができて、着る側の女だから、何より着る人の気持ちがわかる。

これは説得力があり、またシャネル自身が最強のモデルだったから、デザイナーが女性であること、これが強みとなったのです。

同時代に女性デザイナーはほかにもいましたが、みな裏方で、シャネルのように表に出ることはなく、そういう意味でもシャネルはほかの人たちとは違っていたのです。

私は人を判断するのに
お金の使い方で
見分けることにしている。

I

nvestment

「人」に投資する

「節約しているのに貧乏になる人もいれば、お金を使いながら裕福になる人もいる」。もちろん、こんなことを言うシャネル自身は「お金を使いながら裕福になる人」なわけですが、いったいどんな使い方をしたのでしょうか。

「所有することは醜《みにく》い。執着することはもっと醜い」とも言っているように、彼女は莫大《ばくだい》な財産を手にしてからも美術品のコレクターなどにはなりませんでした。「モノを所有する」ことに美を見ていなかったからです。

シャネルは「人」に投資をしたのです。

有名になる前の天才を発見して、彼らに経済的な支援を与える。あるいは、いまをときめく芸術家が思う存分仕事ができるようにスポンサーになる。

つまり、お金をメセナ（芸術支援）に使うことによって、その名声を高め、「ただのファッションデザイナー」ではなく、芸術大国フランスの、芸術活動がもっとも活発だった時代のパリにおいて、メセナを行う実業家として、そして美の支配者として、女王のように君臨したのです。

物をあれこれ買うなんて
考えもしなかった。
自分の自由を買わなくては
ならなかったから。
それにはいくら出しても
いいと思っていた。

D
esigner

デザイナーの社会的地位を上げる

物を買うことにお金を使うのではなく、天才たちへの「投資」にお金を使い、芸術の庇護《ひご》者としての名声を得たシャネルが次に狙ったのは、「階級の差を超える」という自由でした。

フランスは階級社会であり、どんなに有名でも、どんなに才能があっても、どんなにお金持ちでも、ファッションデザイナーは「商人」にすぎない、という理由からシャネルが上流階級のサロンに招かれることはありませんでした。怒りのなかで彼女は行動を起こします。

人気急上昇中の芸術家たちを招いて、夜な夜な魅力的なパーティーを開いたのです。上流階級の人たちは、シャネルのサロンに招かれたくてうずうず、そこで彼らは、競うようにして自分たちのサロンにシャネルを招待し始めたのです。

これはシャネルがデザイナーの社会的地位を上げた、歴史的意義のある「事件」であり、自由を買うためのお金を惜しまなかったシャネルの、お金の使い方の結果のひとつです。

お金があれば、自分が愛している人々を、
何か言うべきものを持っている人々を
助けることができる。
私はずいぶん彼らを助けた。
そして私が要求したことといえば、
ひとつだけ。
誰にも知らせないでもらいたいということ。

A

rtist

見返りを要求しない

シャネルが経済力を手に入れてもっとも嬉しかったことは、才能あふれる芸術家を支援できることでした。

多くの芸術家がシャネルの支援を受けました。そのはじまりは、一九二〇年代のフランスを語るときに外せないロシア・バレエ。

音楽、舞台美術、衣装、脚本、あらゆる分野の芸術家の才能が結集したステージで多くの人を夢中にさせましたが、その中心となったのがセルゲイ・ディアギレフで、シャネルは多額の資金を出し、彼の芸術活動を応援しました。

「いちばん楽しい友人。彼の人生に対する情熱、ボロボロの服を着てあたふた生きているところ、美しいバレエのために何もかも投げ出して、破産してゆくこの男が大好きだった」

そしてシャネルは、ディアギレフにも、そしてほかの芸術家たちにもまったく見返りを要求しなかったどころか、そのことを口外することを禁じたのです。

けれど、この種類のことはもれるもの。

「シャネルが芸術家を支援し、そのことを固く口止めしている」

この評判がシャネルという人の格をさらに上げたのです。

私はずいぶん
騒がれる存在になったが、
夜はめったに外出しなかった。
だからかえって、
みんなに求められたのだろう。

P
arty

外出が嫌い

シャネルは多くの人と交流をもちましたが、外出は極力避けていました。サロンやパーティーに招待されても、めったに顔を出さず、夜遅くまでだらだらと残ることは絶対にしませんでした。

このころを知る人が言っています。

「彼女はシャンパンを飲んでうっとりしていたかと思うと突然消える。まるでシンデレラのように」

それは仕事に時間をかけたいため、もともと外出嫌いなため、などの理由があるけれど、いずれにしても結果的にそのことが「人気の秘密」となりました。

誘われればどこへでも顔を出し、最後までその場に残る人に、魅力的な人は少ないものです。

コピーされることは
賞賛と愛を
受け取ることだ。

C
opy

「真似されること」は成功の証《あかし》

ほかのデザイナーたちが意匠《いしょう》権（著作権の服版）を守ろうとするなかで、シャネルはただひとり、これに同調しませんでした。

それどころか、コピーされることを喜んでいました。有名な文学者たちは自分の文章を引用する教師に対して、コピーしていると訴えたりはしない、これと同じだと言うのです。

「よくできた服は誰にでも似合う服である」

誰にでも似合う服だからコピーされるのだ。ということは自分が作った服は「よくできた服」ということ。

コピーされることは、シャネルにとって「成功の証《あかし》」そのものでした。

こんなエピソードがあります。シャネルが出席したあるパーティで、なんと十七人もの人が「シャネルのドレス」を着ていました。けれどみなコピー服で、ある伯爵夫人はシャネルの連れの男性に言いました。「今夜はシャネルとお話できないわ。だってこのドレスはシャネルの店で作ったものではないから」

シャネルはおどけて言いました。「私のドレスも本当に私の店で作ったか、自信がないわ」

私が、パリに漂《ただよ》っている
アイディアから
インスピレーションを得たように、
ほかの人たちが、私のアイディアから
インスピレーションを
得ることもあるだろう。

Creative

創作とは「オリジナル」か

美術、音楽、文学、そしてデザイン……。

どんなクリエイターも多かれ少なかれ、過去の、あるいは現在の、ほかの人の作品からインスピレーションを得ています。

それは時間の経過とともに、その人の内部に蓄積され、その人がもっている感性、能力といったものと融合し、いつしかその人自身のものとなる、そういうものです。

明らかにコピーしたとわかるものを発表することは、自尊心のない行為。それを大前提としつつ、シャネルは、自分だってあらゆるものからインスピレーションを得ているのだから、自分の作品から誰かがインスピレーションを得たとしても、それは当然のこと、と考えていました。

シャネルのこの意見は創作における真実であり、コピーされることにヒステリックにならないところが、ほかのクリエイターとの大きな違いでもありました。

モードは死ななければならない。
それもできるだけ早く。
そうでなければ
ビジネスにならない。

Mode

芸術家ではなく「職人」

この場合、モードは「流行の服」と解釈してもいいし、もう少し広い意味をもつ「ファッション」と解釈してもいいでしょう。

現代においても「ファッションは芸術か否か」といったテーマについては、さまざまな考えの人がいます。

シャネルは自分のクリエイションに強いこだわりをもっていましたが、自分は芸術家ではない、職人なのだと、ここの区別にも強いこだわりがありました。「モードは永遠の芸術作品ではない」と言いきっています。

もちろん彼女には芸術的な資質も大いにありました。けれど、デザイナーが「永遠」のものを創る芸術家を名乗ったなら、移ろわなければならないモード（ファッション）の世界での成功などあり得ない、とシャネルは言ったのです。

私は人が怖い。
メゾン・シャネルの
下《した》っ端《ぱ》の従業員も、
私のモデルたちも、みんな怖い。
幸いなのは、
このことを知っている人が
ほとんどいないことだ。

L
oneliness

女王の深い孤独

メゾン・シャネル（シャネル社）に君臨する最高権力者の意外な一面です。

シャネルのモデルたちはプロではなく、上流階級の令嬢たちでした。これはシャネルの戦略で、彼女たちを歩く広告塔としたのです。プライベートでもシャネルの服を着て出かけたので、階級社会が残るフランスではその効果は絶大でした。そんな彼女たちがジーンズをはいてきたりすると、夢を売る仕事をしている自覚がない、と激しく叱りつけました。

アトリエのスタッフにも厳しく、気に入らなければ何度でもやり直しをさせました。

それでも彼らが怖いと言うのです。

自分が作り上げた会社にいてさえ、安心できずに社員を怖がっている。トップに立つ女性の深い孤独が見えます。

私にはひとつの
時代が終わるという
感慨があった。
ドレスを作るような
時代ではないと思った。
長い沈黙の時代が始まった。

S
ilence

沈黙の時代

五十二歳のとき、結婚まで考えた恋人が突然死んでしまい、そのショックによる不眠がひどくなり、奇抜さを売りにしたデザイナー、スキャパレリがライバルとして登場、従業員のストライキなど、何もかもうまくいかないシーズンがシャネルにもありました。

そんなとき、第二次世界大戦が勃発《ぼっぱつ》。シャネルは五十六歳。

大胆な行動に出ます。

香水とアクセサリーを売るカンボン通りの店だけを残してメゾン・シャネルを閉めるのです。従業員の大半の約三千人を解雇。これは「シャネルの裏切り」「シャネルの切り捨て」と、かなり非難されました。フランス政府からも「パリの威信《いしん》」のためにメゾン・シャネルを閉めないでほしいと懇願《こんがん》されたけれど、それでもシャネルは考えを変えませんでした。

のちにカムバックするわけですが、何もかもうまくいかない、と思ったこの時代、無理に動かず、沈黙して時を待つことをシャネルは選んだのです。

人がなんて言おうと平気。
コレクションが終わったときは、
自分が全力を尽くしたことで
私は満足だから。

C

riticism

「批判」されたとき

シーズンごとのコレクションは常に賞賛されるわけではなく、酷評《こくひょう》もありました。

何かを発表するということは、自分のクリエイションをさらけ出すことであり、さまざまな反応を覚悟するということでもあります。

表現者でなくても、誰でも、生きていくうえでは、自分のしたことに対して、ほかの人から批判されたり、また逆に賞賛されたり、いやであっても、他人の評価は常に人生につきまとうもので、そして他人はたいてい無責任なものです。言ったことに責任など感じず、言ったことすら忘れていることだってあります。

シャネルのこの言葉は晩年、カムバック後のものですが、本気で「平気」なわけはなく、引退を考えることもありました。けれど、「自分が全力を出し尽くしたか否か」、ここに価値を見て、そしていつも「全力」で勝負していたのです。いっさいの妥協《だきょう》を許さずに。

私は
ビジネスウーマンにならずに
ビジネスをやってきた。

Business

「ビジネスウーマン」は嫌い

世界最強のビジネスウーマンだけど、「いかにもビジネスウーマン」というイメージからはほど遠い。この言葉は、そういう意味なのでしょう。

シャネルは、数字が並んだ紙を見るだけでうんざりだったといいます。けれど、いわゆる実践的なことは苦手でも、大金を稼ぐ勘、能力はありました。

「シャネル帝国」とも呼ばれる彼女のビジネスを支え続けたのは「No.5」を代表とする香水の売り上げであり、この香水を売るために、フランス最大の香水・化粧品会社のオーナー、ヴェルテメール兄弟と契約、シャネル香水会社を作ります。

彼らとは半世紀の間、その利益をめぐって争ったり寄り添ったりを繰り返しますが、「いかにもビジネスウーマン」ではないシャネルにとっては、必要不可欠なビジネスパートナーでした。カムバックの相談を受けたとき、彼らはシャネルを激励、資金援助を申し出ました。ここにはビジネス上の計算はもちろんあったけれど、それ以上に友愛がありました。

とにかく私は
スタッフの二倍働いた。

S
evere

厳しい独裁者

シャネルはアトリエで、とても厳しい独裁者でした。

気に入らなければ何度でもやり直しをさせ、その態度は容赦がなく、何人ものお針子たちが泣きました。

高齢になるにつれて、横暴なまでの自己中心主義は強まって、それは「威嚇《いかく》による支配」と言われ、モデルやスタッフの反感を買ったけれど、それでも結局のところ、みんなシャネルに従ったのは、会社で一番働いているのは誰なのかを知っていたからです。

もちろん去って行くスタッフもいました。媚《こ》びへつらうだけの人もいましたけれど、彼女の仕事への情熱に胸打たれて、彼女の力になろうとしていたスタッフも、けっして少なくはなかったのです。そしてシャネル自身も必死でした。

「私は自分に言い聞かせていた。スタッフがあれこれ悩んでいてもそれは仕方ない。おまえはそんなことよりも自分のすべきこと、コレクションを仕上げなければならないと」

誰も私に何ひとつ
教えてくれなかった。
私はすべてを
自分ひとりで覚えた。

T
eacher

「修業」なしの我流

シャネルはほかのデザイナーのように、ファッションというものを「勉強」したこともなければ、誰かのもとで「修業」したこともありませんでした。誰も教えてくれなかったから、自分ですべてを覚えたとはいえ、なにしろデッサンも描けないし、縫うこともできないし、カットもしない。

それでも、「ほかのデザイナーは紙の上でしかデザインできないけど、私は生きた女の身体でデザインを作っていく」と、悪びれずに自分流のやり方を貫きました。

リボンを通したハサミを首から下げて、布地を手に取り、ピンを刺す場所を決めて襟《えり》をつけたりはずしたり、袖をひきちぎってみたり、それはまるで彫刻家が石を彫るようでした。

シャネルの服のすばらしさはフィッティングにありました。服の着心地がよければよいほど、それを着る女性はエレガントに見えると信じていたからこそ、フィッティングに時間と労力と気力を注ぎました。

コレクションの直前まで縫い直したりつけ直したりは続き、「裏は表以上に大切」の信条があったから、最後は自ら床にはいつくばり、寝転がり、裾の縫い目が正しいか美しいか、確認していたのです。

CHAPTER Ⅴ

Life

人生

私はこうなりたいと思い、
その道を選び、
そしてその想いを遂げた。

かけがえのない
人間であるためには、
人と違っていなければ
ならない。

D
ifference

ほかの人と自分を区別する

シャネルは生涯を通して、「ほかの人と自分を区別する」ことを意識し続け、「ほかの人と同じことをして安心する」人たちから遠く離れたところにいました。

「自分と自分以外の人との違い」について、「自分にできてほかの人にできないこと」について、また逆に、「ほかの人がいともたやすくこなしているのに自分にはできないこと」について、考えた人でした。

シャネルの成功の理由は、もちろんひとつではないけれど、「人と違っていること」に異常なほどのこだわりをもっていたことは、確かに成功の理由の根幹にあるでしょう。

シャネルが七十一歳でカムバックしたとき、同業者であるバレンシアガは「シャネルは永遠の爆弾だ」と言いましたが、この強烈な讃辞は「かけがえのない人間」でありたいと願い続けたシャネルを喜ばせたことでしょう。

私は、
私の人生を作り上げた。
なぜなら、
私の人生が
気に入らなかったからだ。

M
ake

「生い立ち」の嘘

シャネルはたくさんの嘘をつきましたが、その嘘のほとんどは、自分の生い立ち、子ども時代に関するものでした。

フランスの田舎町に行商人の娘として生まれ、母親はシャネルが十二歳のときに病死、父親はシャネルを孤児院に預け、姿を消してしまった。

これが真実ですが、これではイメージが悪すぎました。

だから孤児院をなかったことにして、ふたりの叔母に厳しくしつけられたとか、父親はアメリカに渡って成功したとか、自分の望むイメージを作り上げたのです。

嘘は細部におよび、本人もどこまでが嘘でどこまでが真実なのか、ときおりその境界があいまいになるほどでしたが、けっして悪びれませんでした。

自分の意志ではどうにもならない過去を、現在の自分に少しでも有利にするための上手な嘘は、才能の一部。罪ではないと考えていたのです。

人間の生まれの
違いからくる幸、不幸。
そのハンディキャップを
考えるとき、
出だしが不幸だったことを
私はぜんぜん恨んでいない。

U
nhappiness

「不幸」が生むエネルギー

人生の始まりについて、不満、要求を言えばきりがなく、生まれる環境は選べないので、もっと裕福な家庭に生まれたかった、もっと知的な家庭に生まれたかった、もっと両親に愛されたかった……など、いくらでも「もっとこうだったらよかったのに」は出てきます。

シャネルは孤児院育ちだし、本人も「悲惨だった」と断定しているから、条件的には最低と言っていいでしょう。けれど、その最低条件のなかで毎日、「お金持ちになって自由を手に入れる」ことを夢見て、いつかそれを実現する、と決意していました。

そう、それは「決意」であり、いつか実現したらいいなあ、などという生ぬるいものではありませんでした。そこがほかの子どもたちと決定的に違っていました。

カフカの言葉があります。

「人間は、自分のなかに破壊しがたいものが存在するということを、継続的に信じない限り、生きることはできない」

シャネルにとっての「破壊しがたいもの」、それは「お金持ちになって自由を手に入れる」ことであり、ここから現実を覆《くつがえ》すエネルギーを得たのです。

私は自由が好きだった。
ただ、自由でいるにはお金がかかる。
この牢獄の門を開くには
お金しかないと私は考えていた。
服を注文するカタログを眺めては、
お金を湯水のように使う
夢にひたっていた。

M
oney

「お金」への憧れ

少女時代、孤児院で暮らしていたときの夢です。

自由＝お金。シャネルの生涯を太く貫くことになるこの価値観は、すでに少女時代に生まれていました。

「自由の感覚」は人それぞれなので、どんな状態を「自由」と感じるかで、そのために必要な「お金」の量も変わってきます。

南の島に自家用ジェットで行ける自由がほしいのか、週に一度、友人と食事ができる自由がほしいのか。

シャネルの場合は、「お金を湯水のように使ってみたい」と夢見ていたので、かなりの額のお金が必要でした。そのために人の何倍もの努力をするわけですが、好きなだけほしい物が買える財力を手にしてからも、さらなるお金を必要としました。さらなる「自由」のためです。

それは物を買うためではなく、誰からも指図されない自由、好きなところに出入りできる自由、刺激的な人とだけつき合う自由、つまり「したいことをしたいようにする」ための自由です。

そう、私はいつも、
とても傲慢《ごうまん》だった。
頭を下げたりペコペコしたり
卑下《ひげ》したり、
自分の考えを押しまげたり、
命令に従ったりするのは
大嫌いだった。
傲慢さは私の性格の鍵《かぎ》であり、
成功の鍵でもある。

A
rrogance

「謙虚」の裏にある「ごまかし」

シャネルの辞書に、おそらく「謙虚」はありませんでした。

傲慢《ごうまん》は悪徳であり、謙虚は美徳。これが一般的な解釈でしょう。

けれど「謙虚」の裏には「ごまかし」や「楽な道を選ぶ姿勢」がひそんでいる場合もあります。

シャネルは自分の性質をじっと見つめ、傲慢であり続けることを自分に課しました。

たとえば他人と「衝突」したとき、相手からこちらの非を責められたとき、ぎりぎりまで謝らず、本当に自分が間違っていたのだろうか、と考えたのです。謝ってしまったほうが楽な場合であっても。

「傲慢」でいることは、ごまかしを捨て去ること。ときには謙虚でいるよりもずっと、自分に厳しくあることを強《し》いられるのです。

どんなにつまらない本でも
必ず何か言いたいことがあり、
何かしらの真実がある。

B
ook

すべての本には価値がある

シャネルは、小説で人生を学んだと言っています。

お針子から裕福な男性の愛人となり、いままでとはまるで違う豪華な屋敷での暮らしが始まり、時間だけはたっぷりとあったとき、彼女はひたすら本を読んで過ごしました。ただ読んでいたのではなく、学んでいたのです。

まともな教育を受けていなかったから、自分で必死にその部分を埋めようとしていたのです。

「くだらない小説であっても人生経験が描かれているという意味では名作なのだ」

読書で得た人生経験は、シャネルの会話を豊かにし、どうしてそんなことを知っているのか、そんなことがわかるのかと人々を驚かせ、彼女の魅力を倍増させました。

女に対して私は
友情のひとかけらも
もっていない。
なぜなら、女たちは
退屈だからだ。

B
oring

女たちは「退屈」だ

人を見る目は、怖いほどに厳しかったシャネル。彼女は交友関係において、かなり極端に友人の選別をしていました。

そしてシャネルが生きた時代、とくにその前半は、シャネルが目指した「自立」とは無縁の女性、与えられた環境を疑うことなく生きる女性がほとんどだったから、シャネルにとってほとんどの女性は退屈でした。

だからシャネルは女友だちが少なく、けれどそのことでまったく困っていません。

「人間は魅力があるか退屈かなのです」と言ったのはイギリスの奇才オスカー・ワイルドですが、シャネルの「女たちは退屈」、この言葉は偏見のかたまりです。ひとりひとりを眺めてみれば、そんなことは言えないはずで、性別だけで「退屈人間」とされたらたまったものではありません。

けれどシャネルはそんなことは承知のうえなのです。むしろそのように言いきって、それで反感を買ったとしてもまったく困らないし、この程度の言葉で去るようであれば、それこそ退屈な人である証拠、というわけです。

彼女は私にとって
ただひとりの
女友だちだったし、
友情以上のものを
この人にもっていた。

F
riend

「刺激」を与えてくれる親友

「彼女」とは、ミシア・セール。シャネルより十歳年上で、当時の芸術家たちのミューズであり、パリ芸術界の女王的存在でした。彼女の影響で、シャネルは芸術世界とのつながりをもち、芸術家のパトロンとなる快楽を知ったのです。

芸術界とのつながりがなかったら、シャネルの実業家としての成功はあったとしても時代を象徴する存在にはならなかったでしょう。

ふたりは悪口を言い合ったり、人前でののしり合ったりして、けっして「仲よし」ではなかったけれど、互いの人生のピンチ（恋人や親友の死）にはそばにいて支え合う関係でした。「友情以上のもの」が何を意味するのか、同性愛的なものなのか、家族的なものなのか、想像しやすいのは姉妹のそれかもしれません。

ミシアが七十八歳で亡くなったとき、シャネルは六十七歳。

かけつけたシャネルは部屋からすべての人を追い出して、一時間かけてミシアに死化粧《しにげしょう》をしました。髪を整えて化粧をし、宝石で飾り、白い花でいっぱいにして、胸にはピンクのリボン、その真ん中には淡い色の薔薇《ばら》を置きました。

シャネルの手によるミシアは息をのむほどに美しかったといいます。

友人から忠告されるのは嫌い。
それは頑固だからではなく、
私が影響されやすい性格だから。

Advice

「あなたのために」の嘘

「友だちだから」という理由で、あれこれ忠告するのが大好きな人たちがいます。「あなたのため」なんて言いながら、自己満足に専心する人たち。シャネルはこれを嫌い、真実を突きます。

「他人はおもちゃでも忠告でも、自分がよいと思うものしか与えないものだ」

友人選びに慎重だったのは、「影響を受けやすい」と自己分析するシャネル流の自衛だったのですが、一方で情に厚いところもありました。

たとえば、詩人のジャン・コクトー。絵画、映画と幅広くその才能を発揮した時代の寵児《ちょうじ》ですが、同性を愛したコクトーとシャネルの間には不思議な友情があり、まるで、しっかりものの姉とできの悪い弟のような関係でした。

「ああ彼ね。お調子者でどうしようもない人だけど憎めないところがあるの」。コクトーのシャネル評。「彼女はすごい。あれは裁判官だよ。彼女が見る、こくりとうなずく。微笑む。そして死刑が宣告されるんだ」。

コクトーの若い恋人、レイモン・ラディゲが病死したとき、茫然自失《ぼうぜんじしつ》となっているコクトーに代わって、シャネルは葬式のすべてをとり行いました。棺《ひつぎ》も花も霊柩車《れいきゅうしゃ》も馬も、すべて白。その中で一束だけ真っ赤な薔薇《ばら》という演出でした。

ああ彼ね。
お調子者でどうしようも
ない人だけど
憎めないところがあるの。

ジャン・コクトーとシャネル

ピカソは私の「偉大な友人」である。

P

icasso

偉大な友人・ピカソについて

シャネルが芸術の世界で才能を発揮する人々と、もっとも積極的に交流したのは四十歳前後のことでした。

当時、パリはロシア・バレエが一世を風靡《ふうび》していて、そこには画家、音楽家、詩人……多くの才能が集っていました。

そのひとりが画家パブロ・ピカソ。シャネルとピカソはほぼ同年代に生まれ、ほぼ同年齢まで生きました。その知名度、実力、華麗なる恋愛遍歴、傲慢《ごうまん》な性格、そして途方もない生命力、あらゆる点でふたりは「同類」でした。

「私は彼に対して確かな友情をもっていた。いろいろなことがあったけれど私たちは変わらなかった。彼は悪い男だ。私はすっかり魅了された。私は畏《おそ》れで満たされた」

ピカソはシャネルを「ヨーロッパでもっともセンスのある女」と評価しています。

フランスの作家アンドレ・マルローは言いました。「今世紀（二十世紀）フランスで三人の名前が歴史に残るだろう。ドゴール（大統領）、ピカソ、そしてシャネル」

ロシア・バレエの仕事を一緒にしたころは束の間の恋愛関係にもありましたが、その後は友情に変わり、長い人生のなかで疎遠になった時期もあったけれど、晩年まで交流は続きました。

二十歳の顔は
自然がくれたもの。
三十歳の顔は、
あなたの生活によって刻まれる。
五十歳の顔には、
あなた自身の価値が表れる。

Face

年齢と、その顔に表れるもの

どのような生き方をしてきたか、どのような生き方をしているのか。それは顔に表れる。シャネルの有名な言葉のひとつです。

進歩した医療技術で、どんなに肌に張りを与えようとも、重力に逆らった施術《せじゅつ》をしようとも、あるいは写真で修整を加えても、「精神の老化」は隠せません。

五十代半ばのシャネルの写真は、写真によって修整が加えられているものも、あまり加えられていないものもあるけれど、いずれにしても、「精神の老化」はみじんもありません。

厳しく険しく、迫力があります。

一九三七年五月、パリで開かれた万国博覧会の夜会でのシャネルはとても美しく、オーガンジーのドレス、すらりとしたその姿に会場の人々は、シャネルとはわからなくても、その美しさに見惚《みと》れました。自分の言葉を裏切らない五十四歳でした。

私はこうなりたいと思い、
その道を選び、
そしてその想いを遂げた。
そのためにしたことで、
人に嫌われたり、
いやな女だったとしても
しかたない。

M

y way

人に嫌われることを恐れない

「自分の夢を叶えるために犠牲にしたことは？」とシャネルに尋ねたなら、数多くの事柄が出てくることでしょう。

友人知人とのつき合いもそのひとつ。

自宅サロンで彼らと過ごしていても、ある一定の時間が経過し、その場の雰囲気が馴《な》れ合い的なものに変わってくると、「もう帰ってくださる？」とはっきり言いました。

仕事のための時間を確保したいとか、馴れ合いムードが嫌いだとか、理由はいくつかありますが、あるとき、こういう感覚が理解できない人たちがシャネルに尋ねたことがあります。

「私たちのこと嫌いなんですか？」

この質問にシャネルは質問で返しました。

「そんなことに時間をかけられると思うの？」

ここには、そのような質問をすることそれ自体への非難も含まれていますが、それで嫌われてもぜんぜんかまわないと思っていたことが、はっきりとわかるエピソードです。

私はこれから起こることの
側《そば》にいる人間でありたい。

C
ome back

六十三歳、すべてをやり直す覚悟

シャネル六十三歳。スイスでの隠遁《いんとん》生活に退屈していたころ、「まだ終わったわけじゃないわ」はほとんど口癖でした。

六十歳を超えたシャネルの口から「はじめからすべてをやり直す準備はできている」と聞いた人々は、その不屈の精神、年齢をものともしない精神に圧倒されました。

何かこれまでとは違うことをしたい。もう一度、はじめからすべてをやり直す準備はできている。

モード界にカムバックしたのは、それから八年後のことでした。

鏡は厳しく
私の厳しさを映し出す。
ぎりぎりとした鏡との闘い。
鏡は私という人間を
証明してくれる。

M
irror

鏡から目をそらさない

最愛の人アーサー・カペルはシャネルによくこう言いました。

「女だということを忘れてはいけないよ」

シャネルは女性であるということを大切にしていましたが、ときどき忘れそうになると、鏡の前に立ちました。

そしてシビアに観察したのです。たとえば六十歳のころは次のように自分自身を描写していきます。

「……馬のように広がった鼻孔《びこう》、悪魔のような黒い髪、裂け目のような口から怒りっぽい魂がほとばしる。

ジプシーのように黒い肌に浮かび上がる白い歯と白い真珠、実のない葡萄《ぶどう》の蔓《つる》のように干からびた身体、労働者の手……内面は才能があり、激しく現実的で闘争的で疑り深い、ひとりのフランス女。そして最後にきらきら光る目、心の扉。そのときひとりの女を発見する。ひとりのかわいそうな女を……」

小心者ほどよくしゃべるもの。
ほかの人から嘲笑《ちょうしょう》されるほど
しゃべりまくる人って、
沈黙に耐えられないから
しゃべるの。
私のことよ。

C
hatter

「しゃべりまくる人」について

六十代のシャネルは自伝の出版を考え、何人かの作家を試しましたが、いずれもうまくいきませんでした。

誰ひとりとして気に入らなかったからです。

それでもシャネルの話を聞いた人たちはみな、彼女の聡明さ、複雑さに魅了されました。

自分で人生を切り拓《ひら》いて、強く生きてきた女性の口から、こんな言葉が出ると、ほとんどの人が心動かされました。

作家のポール・モランは、シャネルから聞いた話をまとめた回想録を出版しますが、彼はシャネルについて「口から溶岩のように流れ出てくる声」と表現しています。

晩年のテレビインタビューの映像を見ると、まさに彼の表現の通りです。

誰も口をはさめない、そんな強い語り口調です。

すごくうんざり
しているの。
あなたなんかに
わからない。

Reason

カムバックの理由

第二次世界大戦の勃発《ぼっぱつ》を機に、十五年の隠遁《いんとん》生活に入ったシャネルは、沈黙して時を待ち、カムバックします。

モード界はクリスチャン・ディオールを筆頭に、バレンシアガなどの男性デザイナーが、女性たちを華やかに飾り立てていました。コルセット、フレアスカート、十センチのハイヒールなど、男たちを喜ばせるための服。今まで自分が葬《ほおむ》り去ったものが復活してしまっている。シャネルはいてもたってもいられなかったのです。とはいえ、シャネルはすでに過去の人であり、誰も彼女を望んではいませんでした。

けれどシャネルにとって、望まれているか否かなど関係なかったのです。

カムバックを決めたとき、女友だちの女優マレーネ・ディートリッヒが「またどうしてそんなやっかいなことを始めたの?」と尋ねました。そのときの答えが「すごくうんざりしているの。あなたなんかにわからない」。

カムバックの理由の言葉はいくつもあるけれど、あらゆる質問を拒絶する、このそっけないひと言には、不思議と強い説得力があります。

退屈していたの。
それに気づくのに
十五年かかった。
無よりも失敗を選ぶわ。

A
ge

「年齢」は関係ない

五十六歳でメゾン・シャネルを閉めて、スイスでの隠遁《いんとん》生活に入ったシャネルは、急速に老けこんだと言います。

無理もありません。シャネルにとって「生きること＝仕事」なのだから、生きている実感がない生活のなかでは、いくらシャネルといえども、いきいきとできるはずもありません。厳しさ覚悟で、七十一歳でモード界にカムバックしたのは、何よりも、再び生きるためでした。

そこにお金という動機はなかった。沈黙の時代に、香水販売に関して有利な契約を結ぶことに成功し、巨万の富を得ていたからです。

イタリアの格言があります。

「遅くなっても、やったほうがいい」

シャネルはまさにこの格言通りにしたのです。「再び生きる」のに年齢は関係なく、また、自分がそうしたいと思ったなら、それが周囲に求められているか否かも重要ではなく、退屈な生活のなかで生きながら死んでいる状態を続けるくらいなら、大失敗したほうがましだったのです。

私は自分で引いた道を
まっすぐに進む。
自分が勝手に
選んだ道だからこそ、
その道の奴隷《どれい》になる。

S
ingle

仕事と結婚のジレンマ

この言葉にはシャネルが魅力的な理由のひとつ、「覚悟の美」があります。

強い信念のもと、人生を突き進んでいるかのように見えるシャネルにも、大きな迷いを抱くときはあったし、自分の人生を悔やむことだってありました。

晩年、親しい女性にこんなことを言っています。

「正しい人生を歩んでいるのはあなたよ。私よりも幸福よ。夫も子どももいるもの。私は独りぼっち」

淋しさから出た言葉でしょうが、あのときの選択は正しかったのか、ほかの道があったのではないか。人生の数々のターニングポイントを想い返して、嘆くときもあったでしょう。「仕事」「結婚」「子ども」という働く女性の永遠のテーマについて、自分の選択に疑問を抱いたりもしたでしょう。けれど結局のところ、自分の選択は自分で引き受けるしかないのです。

CHANEL

私はなにより
嫌いなものを作らない。

人が何を残せるのかといえば、
人生のなかで何を考え、
何を愛してきたかということだけ。

P
erson

人間の価値

最晩年、身体が弱り、よく転ぶようにもなり、夢遊病が悪化し、真夜中にホテル・リッツの廊下をゆらゆらと歩くこともありました。

関節炎とリュウマチに苦しみながらも、それでも最後の最後まで「コレクションのことを考えなければ。それこそが未来だから」と働き続け、一方で、必死になって死を受け入れようともしていました。

「魂《たましい》は離れる。試練はもう充分長く続いた。『魂は神に委《ゆだ》ねよ』、私はこの表現が好き」

それにしてもビジネスで大成功して、歴史に名をくっきりと刻むことになる女性が、人間の価値を「何を考え、何を愛したか」というところに置いたことは感動的で、シャネルの人間性を物語っていると思うのです。

日曜日は大嫌い。
誰も働かないから。

S
unday

「私が終わるとき」

「創造できなくなったとき、それは私が終わるとき」とシャネルは言いましたが、まさに死ぬまで創造し続けました。

一九七一年一月七日。その日は日曜日。働くことのできない大嫌いな日曜日でした。孤独を怖れて、ひとりで食事をすることを異常なほどいやがって、いつも誰かを誘っていました。その日は作家のクロード・ドレイ、親子ほど年が離れているけれど十年来の友人でした。

ふたりでランチをしたあと、帰り際にシャネルは言いました。

「明日はランチはできないわ。会いたかったらカンボン通りにいらっしゃい。仕事をしているから」

その夜にシャネルは死にました。眠るためだけの簡素なホテル・リッツの部屋でベッドに入り、突然不快感に襲われ、そのまま息をひきとりました。

付き添ったのは部屋係の女性で「……こんなふうにして人は死ぬのよ」、これが最期《さいご》の言葉となりました。八十七歳。

仕事に生きたシャネルは、最後の最後まで創造し続け、仕事のない日曜日を選んで死んでいったのです。

私は確かな
「嫌悪《けんお》の精神」を
もっている。

Hate

嫌悪《けんお》の精神

シャネルの「革命」はすべて「嫌悪の精神」から生まれたと言っていいでしょう。彼女は自分の才能を「嫌いなものをなくす」ことに使いきったのです。

「好き」よりも「嫌い」を選んだとも言えます。

動きにくい服が嫌いだからジャージー素材の服を作り、男のための装飾過多な服が嫌いだからシンプルな服を作り、宝石で自分の価値があがると思っている女たちが嫌いだからイミテーションジュエリーを作り、けばけばしさが嫌いだから黒い服を作った。

「嫌い！」という強い感情の動きを何より大切にして、「嫌い」を人生の指針にして、そこから彼女の、独創的なクリエイションは誕生し、それは女性の生き方までをも変え、時代を変革し、唯一無二、かけがえのない人間として歴史に名を残したのです。

CHANEL
CHANEL
CHANEL

CHANEL
CHANEL
CHANEL

ココ・シャネル略年表

西暦	齢	事項
1883年		八月十九日、フランスのソーミュールに誕生。
1895年	12歳	姉妹とともにオーバージーヌの孤児院へ預けられる。
1900年	17歳	姉妹とともにムーランの寄宿舎へ送られる。カフェ・コンセール「ラ・ロトンド」で歌手となり、このころから「ココ」の愛称で親しまれる。
1903年	20歳	ムーランでエチエンヌ・バルサンと出逢う。
1908年	25歳	バルサンの協力を得て、パリ・マルゼルブ大通り一六〇番地のアパルトマンに帽子店を開く。
1909年	26歳	富豪アーサー・カペルと出逢う。
1910年	27歳	カペルの出資により、パリ・カンボン通り二一番地に帽子店「シャネル・モード」を開く。
1913年	30歳	ドーヴィルに出店。
1914年	31歳	第一次世界大戦勃発。
1916年	33歳	ジャージー素材のドレスがアメリカの『ハーパーズ・バザー』誌に掲載される。
1917年	34歳	ミシア・セールと出逢う。ショート・カットにする。
1919年	36歳	パリ・カンボン通り三一番地（現在のシャネル本店がある場所）に店を移す。クリスマス前夜にアーサー・カペルが自動車事故で亡くなる。
1920年	37歳	セール夫妻とイタリアを旅行する。ディミトリ大公と出逢い、イミテーション・ジュエリーのヒントを得る。ピエール・ルヴェルディと出逢う。
1921年	38歳	香水「No.5」発売。
1922年	39歳	セルゲイ・ディアギレフの支援を始める。ジャン・コクトーの舞台衣裳を担当（舞台装置はパブロ・ピカソ）。
1923年	40歳	ウェストミンスター公爵と出逢う。
1924年	41歳	香水会社を設立する。
1925年	42歳	パリ万国博覧会（アールデコ展）に出品する。
1926年	43歳	アメリカ版『ヴォーグ』誌が「リトルブラックドレス」を掲載する。

1928年	45歳	カンボン通り三一番地の店（現在のシャネル本店）を改装、室内装飾を手掛ける。ツィード素材を取り入れる。
1931年	48歳	ハリウッドで映画衣裳の仕事を手がける。ポール・イリブと親密になる。
1932年	49歳	イリブの勧めでダイヤモンドの宝飾展を開く。
1934年	51歳	フォーブール・サントノレの自宅からホテル・リッツに転居する。
1935年	52歳	南仏でヴァカンス中にポール・イリブが亡くなる。この頃、事業は絶頂期を迎え、従業員が四千人を越える。
1939年	56歳	第二次世界大戦勃発。アクセサリーと香水部門を除いて店を閉め、約三千人の従業員を解雇する。ハンス・フォン・ディンクラージと出逢う。英仏単独講和をめざす「帽子作戦」を計画するが、失敗。
1940年	57歳	ホテル・リッツのスイートルームから小部屋に移る。
1942年	59歳	ディミトリ大公が亡くなる。
1945年	62歳	スイスに移住する。
1947年	64歳	アメリカへ旅行、大歓迎を受ける。スイスのサン・モリッツで作家ポール・モランと再会。
1950年	67歳	マリリン・モンローの「夜寝るときはシャネルのNo.5」発言。ミシア・セールが亡くなる。
1953年	70歳	パリに戻る。ウェストミンスター公爵が亡くなる。
1954年	71歳	二月五日、カムバック第一回コレクションを開くが、酷評される。
1955年	72歳	ショルダーバッグ発売。ベージュと黒のバイカラーの靴と合わせて人気を呼ぶ。
1959年	76歳	初めてテレビ・インタビューに応じる。アメリカ・ニューヨーク近代美術館に香水「No.5」の瓶が展示される。
1960年	77歳	ピエール・ルヴェルディが亡くなる。
1969年	86歳	キャサリン・ヘプバーン主演のブロードウェイミュージカル『COCO』が上演される。
1970年	87歳	香水「No.19」発売。
1971年		一月十日、ホテル・リッツで亡くなる。八十七歳。十三日、パリのマドレーヌ寺院で葬儀がとり行われる。追悼コレクションが大成功をおさめる。

おわりに

私の大切な作品のひとつである『ココ・シャネルという生き方』の出版は、二〇〇九年の八月でした。

あれから八年が経過したいまも多くの人が読んでくださっているようで、版を重ねています。

出版当時はシャネル社創業百年の一年前。シャネルの伝記映画の公開をはじめ、ちょっとしたシャネルブームが起こる前のことですから、「シャネル」といって、いったいどれだけの人が興味をもつのか、それがまったく読めない状況のなかでの出版でした。

ところがいざ出してみれば、次々と版を重ね、雑誌やテレビなど、多くの取材の申し込みがあり、多くの読者の方からの反響もありました。

私はファッションの専門家でもフランス文化の専門家でもないけれど、「表現者として生きることを選んだ人たち」に強い興味をもつひとりの物書きとして、シャネルという強烈な女性の生き方を伝えたくて、「私のシャネル」を語りたくて、本を書きました。

反響が予想以上に大きかったことは嬉しい驚きであり、それまで一部の人たちのものであったシャネルを、多くの人たちに届けられたことはいま、私の、ささやかではあるけれど、確かな誇りとなっています。


シャネルの名言集のお話をいただいたのは、二〇一五年の夏のことでした。

シャネルは、後世に残るだろうと意識した名言、格言をたくさん残しています。文学者との交流のなかで鍛えられたし、彼らにそれを公表することも勧められたから、こうして多くの言葉が残されているわけです。

シャネル自身の言葉を可能なかぎり入れながら、その人生を簡潔にたどりつつ、そこから現代に生きる私たちへのメッセージをすくいとることを目的としたのが『ココ・シャネルという生き方』だとしたら、シャネルの言葉そのものからシャネルという人を、その生き方を、あぶり出すのも面白いのではないか、そう考えました。

チャンスを与えてくださったリンダパブリッシャーズの新保勝則さん、

福元美月さんには改めて感謝申し上げます。

参考文献のメインは当然、『ココ・シャネルという生き方』ですが、この本を書くときに参考にした文献は多数あります。重複するのでここには記しませんが、私がもっとも影響を受けた秦早穂子さんによる『シャネル 20世紀のスタイル』『獅子座の女 シャネル』をはじめ、ほかの研究者、翻訳者の方による数々の書籍がなければ不可能なことでした。あらためて著者の方々の仕事に敬服いたします。


今回の本を書くにあたり、新たな資料としてウェブで観ることができるシャネルのインタビューを、フランス語が堪能な友、中川由子さんに翻訳していただきました。

また、二〇一四年の三月に出版された『シャネル、革命の秘密』(リサ・チェイニー著　中野香織監訳)の存在も重要でした。綿密なリサーチによる新しいシャネル伝はとても興味深く、ラスト「シャネルについてのお勧め図書」に『ココ・シャネルという生き方』が記されていたことも、意外なところで自分の仕事を褒めてもらったようで、とっても嬉しかった。
本書は基本的には『私は私 超訳ココ・シャネル』（リンダパブリッシャーズ）の文庫本になるけれど、いま現在の「私のシャネル」にするために大幅に手を入れました。
担当編集者は大和書房の藤沢陽子さん。彼女の熱意ある仕事にはいつも励まされます。オードリー・ヘップバーン、マリリン・モンローに続いて「読むことで美しくなる本」シリーズにココ・シャネルが加わることを、いまとても嬉しく思っています。

どの言葉を選ぶか、何を引用するか。これもまた、表現の一種だと私は考えます。シャネルの残した拾いきれないほどの多くの言葉、エピソードのなかから何を選ぶかは、著者それぞれ異なります。そういう意味ではやはり本書もまた、間違いなく「私のシャネル」を語った本です。

二〇一七年九月三日　秋の気配を感じる午後、タンゴが流れる部屋で

山口路子

参考文献

＊『シャネル　20世紀のスタイル』
秦早穂子著　文化出版局　1990年
＊『獅子座の女　シャネル』
ポール・モラン著　秦早穂子訳　文化出版局　1977年
＊『シャネル・ザ・ファッション』
シャルル・ルー著　榊原晃三訳　新潮社　1980年
＊『ココ・シャネルの秘密』
マルセル・ヘードリッヒ著　山中啓子訳　ハヤカワ文庫　1995年
＊『ココ・シャネル』
クロード・ドレ著　上田美樹訳　株式会社サンリオ　1989年
＊『シャネルの真実』
山口昌子著　新潮文庫　2008年
＊『シャネル――最強ブランドの秘密』
山田登世子著　朝日新書　2008年
＊『ココ・シャネルの星座』
海野弘著　中公文庫　1992年
＊『シャネルに恋して』
マリア・ケント著　伊藤啓子訳　文化出版局　1986年
＊『カンボン通りのシャネル』
リルー・マルカン著　村上香住子　マガジンハウス　1991年
＊『シャネル・スタイル』
渡辺みどり著　文春文庫　2005年
＊『シャネル』
ジャン・レマリー著　三宅真理訳　美術出版社　1990年
＊『シャネル』
フランソワ・ボド著　二宮恭子・柴崎裕代訳　光琳社出版　1996年
＊『シャネル　スタイルと人生』
ジャネット・ウォラク著　中野香織訳　文化出版局　2002年
＊『シャネル、革命の秘密』
リサ・チェイニー著　中野香織監訳
ディスカヴァー・トゥエンティワン　2014年

本作品は株式会社リンダパブリッシャーズより二〇一六年三月に刊行された『私は私　超訳ココ・シャネル』を改題し、大幅に加筆し、再編集して文庫化したものです。

山口路子（やまぐち・みちこ）
1966年5月2日生まれ。作家。核となるテーマは「ミューズ」、「言葉との出逢い」、そして「絵画との個人的な関係」。おもな著書に、美術エッセイ『美神（ミューズ）の恋～画家に愛されたモデルたち』（新人物文庫）、『美男子美術館』（徳間書店）、小説『軽井沢夫人』（講談社）、『女神（ミューズ）』（マガジンハウス）など。また、『ココ・シャネルという生き方』（KADOKAWA／新人物文庫）をはじめとする「生き方シリーズ」（サガン、マリリン・モンロー、オードリー・ヘップバーン、ジャクリーン・ケネディ、エディット・ピアフ）、そして「読むことで美しくなるシリーズ」は『オードリー・ヘップバーンの言葉』『マリリン・モンローの言葉』（だいわ文庫）など、多くの女性の共感を呼び、版を重ねる。

山口路子公式サイト
http://michikosalon.com/

だいわ文庫

ココ・シャネルの言葉《ことば》

著者　山口路子《やまぐちみちこ》

二〇一七年一〇月一五日第一刷発行
二〇一八年四月一〇日第一一刷発行

発行者　佐藤靖
発行所　大和《だいわ》書房
東京都文京区関口一-三三-四　〒一一二-〇〇一四
電話　〇三-三二〇三-四五一一

フォーマットデザイン　鈴木成一デザイン室
本文デザイン　吉村亮　望月春花(Yoshi-des.)
写真　Amana images
本文印刷　信毎書籍印刷
カバー印刷　山一印刷
製本　ナショナル製本

ISBN978-4-479-30672-6
乱丁本・落丁本はお取り替えいたします。
http://www.daiwashobo.co.jp